Regenbogenschule Seelze

und ihre zahlreichen jungen Autorinnen & Autoren

Ein kleines Kunstwerk aus unterschiedlichsten Geschichten und Zeichnungen der Kinder der Regenbogenschule Seelze zum Thema "Flucht" aus der Reihe "unsere Kinder" im Verlag Akademie der Abenteuer

Regenbogenschule Seelze

und ihre zahlreichen jungen Autorinnen & Autoren

Fluchtgeschichten

VERLAG

Impressum

Verlag Akademie-der-Abenteuer
Boris Pfeiffer, Pfalzburger Straße 10, 10719 Berlin
E-Mail: info@verlag-akademie-der-abenteuer.de

1. Auflage
Umschlag- und Innenillustrationen:
die vielen Künstler der 4. Klasse der Regenbogenschule Seelze
Umschlaggestaltung und Satz: Kris Kersting
Herstellung: Verlag Akademie-der-Abenteuer
Druck und Bindung: BoD GmbH, Norderstedt
www.verlagakademie.de

ISBN (print): 978-3-98530-074-7
Printed in Germany

Das erste eigene Buch,
ganz allein geschrieben, wie ein echter Autor,
mit selbstgemalten Bildern, wie ein echter Illustrator,
gedruckt und veröffentlicht in einem echten Verlag,
zu kaufen in einer echten Buchhandlung.

Das schönste Geschenk für
Eltern, Großeltern und Freunde.

Ein einmaliges Projekt und eine große Chance,
vielleicht sogar ein Ansporn für deine berufliche
Zukunft!?

Gestalte auch du zusammen mit deinen
Schulfreundinnen und -freunden, Lehrkräften und
dem Verlag Akademie der Abenteuer einen ganz
besonderen Band der Buchreihe "unsere Kinder"

... ein non-profit-Projekt von
www.verlagakademie.de

Kris Kersting & Boris Pfeiffer

Vorwort

Die Viertklässler der Regenbogenschule Seelze haben ihr erstes Buch geschrieben - so bunt wie ein Regenbogen!

Durch den vorangegangenen Workshop mit dem Kinderbuchautoren Boris Pfeiffer waren die Kinder von Anfang an sehr motiviert bei der Sache.

Das Thema war Flucht und sehr weit gefasst - zwei Geschichten des Buches erzählen z. B. von realen Fluchterlebnissen, andere Geschichten sind Fluchten in die Welt der Fantasie- wichtig war uns, der Fantasie der Kinder keine Grenzen zu setzen. Die Kinder durften sich aussuchen, ob sie allein, zu zweit oder zu dritt schreiben wollten oder ob ihr Beitrag zum Buch ein Bild werden sollte.

Das Thema Flucht hat darüber hinaus auch zum Nachdenken angeregt, so dass eine Schülergruppe über die Frage diskutiert hat, ob Heimat da ist, wo das Herz lebt oder ob Heimat immer bei der Mutter ist. Berührt hat uns besonders die Frage eines Kindes, wann seine Heimat Frieden haben wird.

Es hat den Kindern über das Schreiben der Texte hinaus Spaß gemacht, dass sie ihre Ideen im Workshop austauschen konnten und ernst genommen wurden.

Das Team 4 der Regenbogenschule sowie die kommissarische Schulleitung:

Mareike Betting, Sabine Haarmann,
Nadine Ugurlu, Christine Bunnenberg,
Jana Rodenbeck, Silvana Moreira Carvalho,
Gerda Schlinke

Was drinnen steckt

DER UMZUG

von Leon Herrmann

Kapitel 1: Der Umzug
„Hallo Kinder, wollt ihr eine Geschichte hören?“

„Jajajaja.“ „OK. Worüber?“ „Über den Umzug!“ „OK. Wirklich?“ „Ja!“

„OK, also dann beginnt die Geschichte! Und wieso ist das Fenster so hoch? Also es war einmal in schön Löningen, äh, nein, in Seelze. Ich war bei meinem Opa und meiner Oma. Es war schön und es war nicht sssSooo eingeschränkt wie in Löningen. Ich hatte mir ein Atomkraftwerk aus Pappe gebaut. Und es war groß. Und eine Stadt gebaut und es war irgendwann Halloweeen. Es war sehr schön. Irgendwann später haben Mama und ich Papa verziehen. Fortsetzung folgt…

Kapitel 2: Die Fortsetzung
Wie hätte man es gedacht, mein Papa hatte schon wieder kaka gebaut und es gab ein Zugausfall. Es war schlimm.

Irgendwann war ich wieder in der vorzeitigen Pubertät. Also in kurz gefasst wieder in Bendy and the Ink-Machine - Fieber.

Es war schön in Seelze außer Corona! Corona war schlimm, die ganze Zeit Mundschutz tragen, aber irgendwann hat sich das Blatt zum Guten gewendet.

Ich und meine Mama haben eine Wohnung gefunden und ein neues Leben angefangen.

Der Banküberfall

von Marie

Es war einmal ein Bandit. Sein Ziel war in der Nacht eine Bank zu überfallen. Er hat eine Leiter in der Nähe einer Mülltonne gefunden. Der Bandit hat sie geholt und ist auf die Leiter gestiegen. Er ist runter gefallen, weil die Leiter alt war. Er hat es noch mal versucht und geschafft. Der Bandit ist in den Schornstein geklettert und runter gerutscht. Dann schlich er leise zum Tresor hinter der Kasse und er flüsterte: "Ich habe das Geld!". Er schlich leise aus der Tür. Der Bandit rannte in sein Versteck. Am Morgen hat die Bankangestellte einen riesen Schock bekommen. Sie erfuhr, dass jemand die Bank überfallen hat. Sie rief: "Jemand hat mich bestohlen!" Die Bankangestelte nahm ihr Handy und wählte die 110. Sie sagte den Polizisten: "Jemand hat den Tresor aufgemacht und alles darin gestohlen, es waren Diamanten, Smaragde und Geld." Die Polizei ging sofort zum Tatort und hat nichts gefunden, sie wollten gehen, aber ein Polizist hat eine Fußspur gefunden. Sie rannten durch die ganze Stadt und klingelten an jeder Haustür. Sie haben nichts gefunden, der Polizist, der die Fußspur gefunden hat, hat auch eine kleine Höhle gefunden. Die Polizisten sind in die Höhle reingegangen. Immer tiefer und immer tiefer sind sie reingegangen. Am Ende der Höhle sahen sie ein Licht. Die Polizisten gehen zu dem Licht hin und sahen die ganzen Diamanten, Smaragde und das Geld und mitten drin saß der Bandit. Die Polizei hat den Bandit festgenommen. Die Bankangestellte war überglücklich, weil sie die Diamanten, Smaragde und das Geld wieder hatte.

DER BÖSE BANDIT

von Rosel Yacoub

Es war einmal ein Bandit. Sein Ziel war in der Nacht eine Bank zu überfallen. Er hat eine Leiter in der Nähe einer Mülltone gefunden. Der Bandit hat die geholt und ist auf die Leiter gestiegen. Er ist runtergefallen, weil die Leiter alt war. Er hat es noch mal versucht und geschafft. Der Bandit ist in den Schornstein geklettert und runtergerutscht. Dann schlich er leise zum Tresor hinter der Kasse und er flüsterte: "Ich habe das Geld!" Er schlich leise aus der Tür. Der Bandit rannte in sein Versteck. Am Morgen hat die Bankangestellte einen Riesenschock bekommen, als sie erfuhr, dass jemand die Bank überfallen hat. Sie rief: "Jemand hat mich bestohlen!" Die Bankangestellte nahm ihr Handy und wählte die 110. Sie sagte dem Polizisten: "Jemand hat den Tresor aufgemacht und alles drinnen gestohlen, da waren Diamanten, Smaragde, Goldbarren und 330Tausend Euro. Die Polizisten gingen sofort zum Tatort. Sie hatten Handschuhe, Taschenlampen und Lupen dabei. Sie schauten sich lange um, aber fanden keine Beweise. Dann wollten sie gehen, aber ein Polizist fand Fußspuren. Die Polizei hat ein Foto gemacht und ist in die ganze Stadt gelaufen, sie hat auch bei jedem Haus geklingelt aber fand den Dieb nicht. Es werden immer mehr Verbrechen aber die Polizei fand immer noch nicht den Dieb. Der gute Polizist, der letztes Mal die Fußspuren gefunden hatte, hat auch eine Steinhöhle gefunden. Sie sind in die dunkele, gruselige und große Höhle reingegangen. Es war stockdunkel und man konnte nichts sehen. Die Polizisten hatten ihre Taschenlampen vergessen. Doch plötzlich hatten sie das Ende der Höhle gefunden. Die Polizei konnte nicht die Augen aufmachen, weil der Raum funkelte und glänzte, aber zum Glück hatten sie Sonnenbrillen dabei. Die

Polizisten trauten ihren Augen nicht, sie sahen den Banditen und alle vermissten Sachen. Der Bandit war geschockt, als er die Polizei gesehen hatte. Er ist sofort weggerannt und die Polizisten rannten ihm hinterher. Der böse Bandit hatte ein Fahrrad gefunden und ist mit dem gefahren. Die Polizisten hatten Pech, aber auch Glück. Die schlechte Nachricht ist, es gab kleine Dreiräder zum Fahren und die gute Nachricht ist, es gab Dreiräder für alle. Der Bandit flüchtete vor der Polizei. Auf einmal stoppte der Bandit, denn ein paar Polizisten standen vor ihm und hinter ihm standen auch ein paar, aber der Bandit war schlau. Er ist nach links gefahren und die Polizei fuhr hinterher. Der gute Polizist ist auch sehr schnell. Er überholte den Banditen und in der Zwischenzeit umzingelten die anderen Polizisten den Banditen. Er wurde sofort in die Polizeiwache gebracht, Erst mal muss er ein Foto mit einem Schild machen, danach wird er ins Gefängnis gebracht. Der Bandit sagt zu sich selbst: "Ich war so nah dran." Und danach seufzt er.

DIE FLUCHT VORM STURM

von Jane Kari

Ich war mit meiner Freundin Josi spazieren, wir hatten viel Spaß. Doch dann kam der Sturm hierher. Wir rannten so schnell wir konnten und wir gingen unter einen Baum. Ich sah nach oben, der Himmel sah grau mit Wolken bedeckt aus. Ich hatte solche Angst, die Idee war falsch sich unter den Baum zu stellen, also rannten wir nach Hause. Doch als wir zu Hause ankamen, ging der Strom aus. Ich hatte Gänsehaut. Ich krabbelte mit Josi unter mein Bett und holte eine kleine Lampe mit Batterien. Der Sturm war so laut, ich sah sogar Blitze aus dem Fenster.

Ich hörte wie jemand mit Schlüssel die Tür aufschloss, entweder meine Mama oder meine Schwestern Olivia und Lisa, die bei Fiona gespielt haben. Als die Stimme sagte, wo seid ihr denn, wusste ich, dass es meine Mama ist. Vor Freude krabbelten ich und meine Freundin aus dem Versteck. Ich ging zu Mama und umarmte sie. Nach einer Weile kam der Strom wieder und ich schaltete die Lampe aus und meine Schwestern kamen auch nach Hause. Ich war glücklich, dass es allen gut ging.

Ende

Die Schnecke, die sauer ist

Von Josephine Jurczyk AND Meyra Uysal

Eine Nacktschnecke war sauer. Immer wieder werden ihre Freunde mit schwarzen Federn beklebt. In einer sternenklaren Nacht kitzelte sie was am Körper. Sie erschrak, weil eine schwarze Feder an ihr klebte. Sie war sauer, weil das jetzt auch mit ihr geschah. Sie entschloss sich, sich auf den Weg zu machen, um zu sehen, wem diese Feder gehörte, um sich zu rächen. Die Schnecke kroch den halben Tag. Da sah sie einen Spatz und fragte: "Gehört dir diese Feder?" "Nein" antwortete der Spatz. Die Schnecke war enttäuscht, weil sie den Täter noch nicht gefunden hat. Es wurde dunkel und die Schnecke war in einem Wald. Sie beschloss, auf einem Blatt Ruhe zu finden. Sie schlief als plötzlich Menschenstimmen zu hören waren. Die Menschen suchten nach kleinen Tieren. Die Schnecke hatte Angst und versuchte sich zu verstecken. Doch ein Mädchen sah die Schnecke, die auf der Flucht war. Sie freute sie darüber und hob sie auf. Dann rannte sie zu den anderen Kindern. Alle guckten sie an und fassten sie an. Die Schnecke mochte das aber überhaupt nicht. Deshalb schleimte sie die Hand des Mädchens voll. Das Mädchen ließ vor Schreck los und die Schnecke fiel runter. Als die Schnecke wieder zu sich kam, war es schon Mittag. Ihr tat alles weh. Doch sie gab nicht auf und kroch los. Dann traf

sie eine weiße Taube. Die Schnecke fragte sie: "Weißt du, wem diese Feder gehört?" "Ich glaube schon, dem Raben!" sagte die weiße Taube. Die Schnecke kroch weiter. Da kochte die Schnecke vor Wut. Da lag ein Rabe auf den Boden und schlief. Sie war nicht sauer, weil er da schlief, sondern weil sie merkte, dass Federn fehlten. Sie schleimte seinen Körper voll. Dann holte sie all ihre Freunde. Als sie ankam, war der Rabe schon wach und wunderte sich, was das war. Dann sah er die Nacktschnecken. Die Schnecke rief den anderen zu "Auf ihn!". Der Rabe bekam Angst und wollte wegfliegen, doch er konnte nicht fliegen, weil er doch vollgeschleimt war. Also sprang und sprang er, bis er nicht mehr zu sehen war. Die Schnecken waren glücklich und dachten, dass er sich nicht mehr trauen würde, sie mit Federn zu bekleben. Und sie hatten recht. Alle stehen immer ohne Federn auf und das wird sich auch nicht ändern. Sonst weiß der Rabe, was passieren wird.

Flucht vor Schulkinder

von Ahmed Ibrahim Mahamud, Emir Karadag & Muhammed

Es war mal ein Junge namens Maximilian, und wie die Kinder ihn noch nannten: Ahix .A für angst, H für Hase und zusammen ergibt das Angsthase. Eines Tages ging Maximilian zur Schule. Diesmal sollte es ein ganz normaler Tag werden, doch leider fand er alle Schultage blöd. Er fand Schultage nicht blöd, weil lernen musste, sondern weil die Kinder ihn Ahix nannten. Als Maximilian bei der Schule ankam, versteckte er sich, damit die Kinder ihn nicht sahen. Er wartete darauf, dass seine Klassenlehrerin kam, denn das war seine Lieblingslehrerin und sie hieß Fr Betting. Er wollte diesen Schultag das Wort Ahix nicht hören. Also blieb er die ganze Zeit in der Nähe von Fr Betting. Er war fast erfolgreich, er musste nur noch nach Hause, ohne dass die Kinder ihn sahen. Doch dann passierte etwas sehr schreckliches auf dem Weg nach Hause. Ein Junge aus seiner Klasse namens Paul schlich sich hinter Maximilian und erschreckte ihn so, dass er heulte und nach Hause rannte. Er klingelte an seiner Haustür, und seine Mutter machte die Tür auf und sie fragte ihn: "Warum weinst du?" Doch Maximilian hörte sie nicht, weil er andere Probleme hatte. Er lief in sein Zimmer und während er heulte, überlegte er sich, wie er seine Angst überwinden konnte. Doch plötzlich fiel ihm eine sehr gute Idee ein. Maximilian fragte seine Mutter: "Mama was hättest du gemacht, wenn dich jemand oder sehr viele Personen Angsthase genannt hätten?" Bevor seine Mutter antwortete, fragte sie ihn: "Warum fragst du?" Er wollte seiner Mutter nicht die Wahrheit erzählen, weil er wusste, seine Mutter hätte sich Sorgen gemacht. Darum antwortete er: "Einfach so!" Die Mutter antwortete: "Ich hätte jeden erschreckt, der mich Angsthase genannt hätte, damit ich beweisen könnte, dass sie Angst hätten!" Und das tat er auch. Und ab dem Tag hörte er das Wort Ahix nie mehr.

Ende

Melek und ihre Freundin

Nach der Schule gehen Melek und Marie zusammen nach Hause. Melek überlegt laut: „Vielleicht spiele ich heute mit Hadis. Ich bin nämlich ihre beste Freundin.“
Marie bleibt stehen: „Nein. Ich bin ihre beste Freundin.“
Jetzt wird Melek sauer: „Warum lügst du??“

Marie kriegt einen hochroten Kopf: „Ich lüge nicht. Du lügst!“
Die nächsten Meter gehen beide schweigend nebeneinander her.
Plötzlich sagt Melek: „Wir können doch beide ihre besten Freunde sein.“ Und Lächelt.

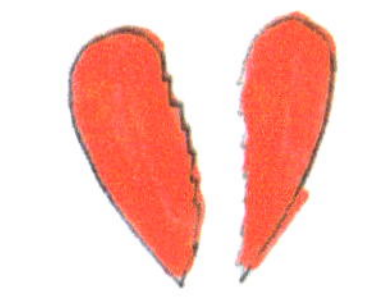

Jetzt sind beide wieder glücklich.

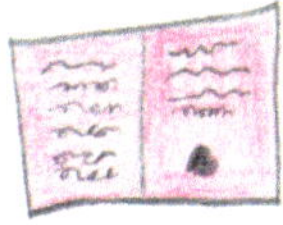

DIE ZWEI JUNGS, DIE IN DER SCHULE SCHLAFEN

Von Luca Helmling und Kelvin Waßmann

zzzzZZZ

KAPITEL 1

Die zwei Jungs Kelvin und Luca:

Sie sind 10 und 11 Jahre alt. Sie sind in der Klasse 4a. Luca ist im Englisch Unterricht auf seinem Platz eingeschlafen. Dann hat Kelvin zu Luca geschaut und hat gesehen, dass er eingeschlafen ist. Kelvin ist dann auch auf seinem Platz eingeschlafen. Später sind beide aufgewacht, weil es ganz laut buuuuuuummm gemacht hat. Es hat buuuuuuummm gemacht, weil ein Schrank umgefallen ist. Es gab nur einen Ausgang, es war eine dunkle Tür. Bevor die Tür aufging, ging ein Bildschirm an und eine Gestalt die sagte: "Löst ein Rätsel.".

KAPITEL 2

Kelvin sagte: " Warum müssen wir ein Rätsel lösen?" Daraufhin sagte Luca: "Lass uns einfach das Rätsel lösen." Dann lösten sie das Matherätsel und sie kamen raus . Sie sagten: "Jaaaaaaaaaa, endlich haben wir es geschafft". Auf einmal ging wieder ein Bildschirm an und die Gestalt redete wieder mit ihnen. Diesmal müssen sie einen Schlüssel in der ganzen Schule suchen, sie brauchten 5 Stunden um den Schlüssel zu finden. Kelvin hat ihn dann gefunden und Luca gerufen.

KAPITEL 3

Dann sagte Luca: "Ich habe die TÜR gefunden." Kelvin kam mit dem Schlüssel, die TÜR ging auf und sie kamen in den nächsten Raum. In dem Raum waren 3 Türen. Die erste Tür war voll mit Giftschlangen. In der zweiten Tür war alles voll mit Säure. Die dritte Tür war voll mit Treibsand. In dem Treibsand waren Spinnen.

KAPITEL 4

Sie mussten sich für eine Tür entscheiden, sie haben sich für die Giftschlangen entschieden, denn sie hatten ein Gegengift dabei. Dann waren sie in einem Dschungel, da waren alle Arten von Tieren im Dschungel. Sie sind weiter gegangen, dann sagte Kelvin: "Ist da ein Tempel?" Luca sagte: "Weiß ich nicht. Lass uns mal hingehen." Kelvin sagte: "Ok lass uns das machen." Als sie angekommen waren, sahen sie einen Tiger, der beschützte den Tempel. Die beiden hatten Angst. Kelvin sagte zu Luca: "Hast du nicht Fleisch in deinem Ranzen?" Luca sagte: "Ja habe ich, ich hole es kurz, ok." Kelvin sagte: "Ja ok, hol es kurz." Luca sagte: "Ich bin gleich wieder da."

KAPITEL 5

Luca kam wieder mit dem Fleisch. Der Tiger hat uns gesehen und kam zu uns. Er wollte nur das Fleisch haben. Kelvin hat dem Tiger das Fleisch gegeben. Der Tiger aß das Fleisch auf und rannte weg. Ich und Kelvin konnten endlich in dem Tempel. Da war die letzte Tür, aber die war ohne ein Rätsel. Aber dann kam die Gestalt in echt. Sie mussten gegen die Gestalt kämpfen. Kelvin und Luca haben gewonnen und die Gestalt besiegt, sie konnten fliehen.

MONSTER STINKI UND SEINE ARMEE

von Cem Buhran und Kaan Yildirim

ch lebte mit meinem Freund in einer Wohnung. Wir leben in Hannover auf dem Planeten Kanarius. Der Planet gehört den Menschen. Es gibt einen König auf dem Planeten Alius. Sie wollten unsere Welt erobern, sie greifen uns immer wieder an. Der Kampf endete und die Bösen haben gewonnen. Die Stadt hat sich verändert.

Ein Mann hat uns gesagt: "Ihr habt eine Mission, ihr sollt die Welt retten".

Wir rannten nachhause. Auf dem den Weg fragten wir uns: "Wie heißt du? Weißt du nicht meinen Namen?"

"Ja ich weiß es nicht".

"Ich heiße Cem."

Cem fragt: "Wie heißt du?"

"Ich heiße Kaan."

Kaan und ich fragten: "Warum, hat der Mann gesagt, wir sollen die Welt zurückerobern?"

Auf einmal sehen wir den König. Aber sie haben uns gesehen, sie wissen wo wir hinrennen wollten. Aber wir fliehen.

Die Aliens haben sich zu unserem Versteck teleportiert. Aber wir wussten es nicht. Wir sind zu unserem Versteck gegangen und da waren sie. Sie standen mit Laserwaffen, sie haben nicht geschossen. Zwei Leute haben uns von hinten ohnmächtig gemacht. Sie haben uns gefangen gehalten und haben uns in ein Raumschiffgefängnis teleportiert. Nun haben sie uns eingesperrt.

Kaan sagt: "Wir müssen hier rauskommen, aber dafür brauchen wir Werkzeuge!"

Darauf sagt Cem: "Ja, oder wir brauchen Hilfe!" Und bald kam der König.

Wir fragten den König "Wie heißt du?"

Er antwortete: "Ich heiße Monster Stinki".
Kaan und ich haben uns Tot gelacht 😛

Monster Stinki sagte: "Ihr müsst jetzt noch ein Jahr bleiben". Da haben wir nicht gelacht. Als der König ging, kam ein junger Mann mit schnellem Raumschiff und hat gesagt: "Hier, meine Werkzeuge und hier ein Helm zum atmen". Wir nahmen die Werkzeuge und haben mit einem Hammer die ganze Wand wegehauen und haben unseren Helm angezogen. Dann sind wir mit dem Mensch zurück zur Erde geflogen. Wir fragten den Menschen: "Warum hast du uns geholfen?" Er antwortet: "Wisst ihr es denn nicht?"

"Nein, wissen wir nicht." "Ich bin's, der euch gesagt hat, ihr sollt die Welt retten. Darum habe ich euch gerettet."

Er sagt: "Hallo Kaan und Cem aufstehen!" Wir sind dann auf einmal aufgewacht. Kaan und ich haben eine Übernachtungsparty gemacht und ich glaube, wir haben das gleiche geträumt.

von Nela Horvat

Es war einmal ein Bauer. Sein Name war Karl. Er hatte ein Geheimnis, er hat Zauber-Samen versteckt. Doch eines Tages hat Karl einem seiner Freunde das erzählt. Auch wenn er es versprochen hat, sagte er es weiter. Eines Tages kamen zwei Männer aus einer Papierindustrie. Sie forderten ihn auf, die Samen einzupflanzen und wenn der Baum gewachsen ist, kommen sie und fällen ihn. Die Männer sahen sehr bedrohlich aus, also macht er das. Nach zwei Monaten wuchs eine riesige Eiche. Nun meldete sich der Bauer bei den Männern. Die Männer kamen mit riesigen Sägen. Plötzlich passierte etwas Merkwürdiges. Eine der Sägen und der Baum erwachten zum Leben. Alle erschraken, dann hat sich der Baum rausgerissen und ist weggelaufen. Die Säge ist ihm hinterher gelaufen. Der Baum hat am Anfang: "Hilfe! Zu Hilfe" gerufen. Nach 800 Metern hörte er auf.

In der Nacht fand er einen Platz, wo der Baum übernachtete. Leider fand die Säge den Baum, also rannte er wieder weg. Nun kam er in einen Wald, wo die Säge nicht durch kam, aber der Baum stieß leider an eine Kettensäge. Der Baum sagte: "Bitte tu mir nichts". "Was hast du gesagt?" fragte die Kettensäge. "Ich bin hier, weil ich Hunger habe", sagte die Kettensäge. Der Baum schaffte es wegzulaufen, indem er kreuz und quer gelaufen ist. Er lief aus dem Wald. Zum Glück wusste er, dass er im nächsten Wald sicher ist, weil das ein magischer Wald war. In dem Wald konnte kein für die Bäume oder Tiere tödliches Wesen kommen. Leider gehört dazu auch der Mensch, weil der Mensch die Wälder zerstört. Also war dieser Wald so wie die Natur es wollte. Der Baum rannte so schnell er konnte, ein paar Mal rief er "Hilfe!". Doch keiner hörte ihn, außer der Kettensäge.

Auch die Kettensäge rannte schneller. Am Abend sah der Baum ein Schild, auf dem der magische Wald zu sehen war. Der Baum rannte jetzt noch schneller, denn er wusste, dass er bald in Sicherheit ist. Nun sah der Baum den Wald und er ging hinein. Die Kettensäge hat sich mächtig geärgert. Sie versuchte reinzukommen, aber es ging nicht. Der Baum pflanzte sich dort ein und lebte glücklich bis zum Ende seiner Tage.

Der kleine Tiger

von Noel Kamp

Es war einmal ein kleiner Tiger, der hieß Tom. Tom liebte die Landschaft und den großen See. Doch seine Eltern erlaubten ihm nicht, die Höhle zu verlassen. Sie sagen, es sei zu gefährlich, doch Tom hörte nicht.

Eines Morgens, als seine Eltern noch schliefen, lief er weg. Er lief und lief doch plötzlich wusste er nicht mehr, wo er war. Alles sah so gleich aus und er hatte Hunger. Er rief um Hilfe, aber niemand hörte ihn, bis auf einmal eine zarte Stimme erklang. Er folgte der Stimme. Ein paar Minuten später sah er ein Braunbärenmädchen, das sich im Strauch verfangen hatte. Tom zog und zerrte bis er das Braunbärenmädchen befreit hatte. Sie sagte: "Danke, ich dachte, mich würde niemand finden hier draußen." Da tauchen auch die Eltern des Mädchens auf und riefen: "Warte, hast du keinen Hunger? Du siehst ganz erschöpft aus." Er antwortete: "Doch, habe ich". Und kam zurück. "Schnell jetzt, der Jägermeister kommt, der jagt uns schon seit Wochen." Im Bau angekommen, erklären die Eltern Tom: "Das ist Luisa, unsere Tochter. Nach dem Essen bringen wir dich nach Hause, doch wir müssen sehr weit gehen. Da du so schnell bist, warst du schnell woanders, aber wir sind nicht so schnell wie du." Der Jäger kam, doch die Bären haben einen Hintereingang und liefen in ein zweites Versteck. Als der Jäger vorbeikam, waren alle mucksmäuschenstill. Ein paar Minuten später holten sie noch andere Tiere und besprachen unter einem Baum, wie sie den Jäger vertreiben können. 4 Raben hatten eine Idee. Sie haben am Fluss einen Sack gefunden und sagten: "Wenn der Tiger den Jäger unter uns bringt, lassen wir den Sack fallen. Aber davor müssen wir eine Plattform bauen, worüber wir ihn wegtransportieren können. Die Bären sagten: "ja" und sie legten los. Kurze Zeit später fingen sie an den Plan umzusetzen. Der Tiger lockte den Jäger unter den Sack und die Raben ließen den Sack fallen. Das Pferd brachte ihn weg und man sah ihn nie wieder. Danach gingen alle nach Hause und die Bären brachten den kleinen Tiger nach Hause und alle lebten schön weiter.

Ende

Mutige Früchtchen

von Elias Gosman, Arian Kasprzak, Mattis

Die Banane spielte mit dem Apfel Fußball. Da kam eine Frau und die jagte die Banane und den Apfel. Die Beiden kletterten auf einen Schrank. Die Frau suchte sie und lief an ihnen vorbei.

Sie sprangen runter auf einen Tisch. Da stand ein Aquarium. Im Aquarium lebten zwei Fische. Sie hießen Bernd und Lisa und wohnten schon 10 Jahre in dem Haus. Sie kannten sich gut aus in dem Haus.

Sie sagten, dass die Wohnung im 3.Stock ist. Die Banane sagt zum Apfel: "Die Flucht ist doch gefährlich, oder?" Der Apfel antwortete: "Keine Ahnung – Lisa - Bernd?" Die beiden sagen: "Ja ist es!"

"Ok, dann auf ins Unbekannte! Ja, aber wo geht's lang Bernd.?"

Bernd sagt: "Runter vom Tisch!"

"Ok und wie?", fragten die Beiden.

"Nehmt eine Blüte von dem Strauß da – ok?"

Sie flogen mit der Blüte bis zum 2.Stock.

"So was jetzt?", fragte die Banane.

"Jetzt müssen wir an dem Ventilator vorbei ok? - 3,2,1 los!" Die Banane rief: "Hilfe!"

"Ich komme!", antwortete der Apfel und schnappte sich die Banane.

"Danke", sagte die Banane glücklich.

"Los jetzt zur Tür raus!", rief der Apfel.

Die beiden rannten zur Tür raus und versteckten sich draußen hinter einem Busch, bis die Frau weg war. Sie gingen zum Fußballplatz. Da waren zwei andere Früchte: Pfirsich und Kirsche.

Banane fragte die beiden "Wollten wir zusammen Fußball spielen?"

"Ja!", schrien Pfirsich und Kirsche. Dann ging das Spiel los.

Am Ende hatten Banane und Apfel 3 zu 0 gewonnen.

Ende

Die mystischen Sechs

von Devin Schellenberg und Kilian Pook

Vor vielen Jahren lebte einst ein mächtiger Zauberer. Er sperrte sechs Geister aus der dunklen Dimension in sechs mystische Gegenstände.

Die Kraft der Geister und der mystischen Gegenstände übertrumpften ihn und er wurde böse. Seitdem wurde er nie wiedergesehen.

Tausend Jahre später wurden sechs Kinder geboren. Was sie aber noch nicht wussten war, dass sie übernatürliche Kräfte hatten. Als diese sechs Kinder zehn Jahre alt waren, entdeckten sie ihre Kräfte. Eines Nachts sahen sie den weißen Zauberer und er sagte: "Findet den Siebten!" Plötzlich hörten sie etwas. Sie drehten sich um und bemerkten, dass es nur eine Ratte war. Sie drehten sich wieder um, um dem Zauberer zu antworten, aber er war weg.

Zwei Jahre später gingen sie durch eine enge Gasse. Plötzlich sahen sie eine schwarze Gestalt. Sie folgten ihr und bemerkten, dass es der böse Zauberer war. Sie fragten: "Wer bist du?" Er antwortete: "Ihr wollt wissen wer ich bin? Ich bin Merlin." Plötzlich kam dichter Nebel. Als sich der Nebel wieder verzogen hatte, war Merlin weg. Sie fragten sich gegenseitig: "Wie heißt ihr eigentlich?" "Mein Name ist Red." "Und meiner Ice." "Also ich heiße Dirt." "Und ich heiße Lara." "Mein Name ist Tornado." "Und ich heiße Water." Red sagte: "Okay, lasst uns nach Hause gehen." "Ja, gute Idee!", antworteten die anderen. "Bis morgen", riefen sie sich hinterher.

Am nächsten Morgen kam bei Red ein Brief an, in dem Brief stand: Treffen beim Rodelberg.

Angekommen, sah Red nur eine Person. Diese Person musste der Absender sein. Deswegen fragte Red: "Wer bist du????" Sie antwortete: "Ich bin Golden. Meine Mission ist es euch zu helfen!" Plötzlich hörten sie ein lautes Krachen. Sie bemerkten, dass es Merlin war. Sie gingen hin, um ihn aufzuhalten. Doch er war zu stark. Und sie mussten in die dunkle Dimension flüchten.

Fortsetzung folgt….

Der türkische Mann

von Emir Erol

Eines Tages war ich auf dem Weg zum Spielplatz, dann ist plötzlich ein Mann aus der Ecke gekommen und er hat mit mir türkisch geredet. Dann guckte ich den Mann an, weil er wusste, dass ich Türkisch kann und weil er eine komische Maske anhatte. Ich rannte vor ihm weg, doch er kam mir nach, dann stoppte ich und fragte ihn: "Wer bist du?" Er nahm seine Maske ab und dann sagte er: "Ich bin dein Vater." Ich sagte: "Was machst du hier?" Und er sagte, dass er mit mir auf den Spielplatz will und dann lachten wir zusammen und dann sind wir gegangen und haben Fußball gespielt.

Ende

FC Realbay

von Luca Marchio & David Shafi

Letzter Spieltag. Der FC Realbay muss das Spiel gewinnen, um in die 3. Liga aufzusteigen. Zur Halbzeit steht es zwischen Bochum und dem FC Realbay 2:2. Das Spiel ist zu Ende. Bochum 2:4 gegen FC Realbay. Der FC Realbay steigt auf in die 3. Liga, was für eine Freude für den FC Realbay. Bei FC Realbay spielen aktuell als Stammspieler: Iarne, Adrian, Ardit, Denis, Luke, Kuzey, Alex, Def, David, Luca, Brayan. Als Reservespieler sind aktuell dabei: Lian, Lenox, Joel, Miron, Rocko, Daniel, Benet und Lenert. Alle freuen sich in der Kabine. Als Belohnung gehen sie zu Mc Donald's.

Morgen ist mal Pause mit der Liga, aber es geht weiter für den FC Realbay im DFB Pokal Achtelfinale gegen Hertha BSC. Der FC Realbay ist schon aufgeregt, mal wieder gegen einen 1. Ligaverein zu spielen. Und es ist soweit, heute ist das DFB Pokal Achtelfinale. Der Trainer weckt sie am Morgen um 8:30 auf, damit sie noch trainieren können. 5 Stunden später, das Spiel fängt an. 1. Minute. Es läuft die 10. Minute und es steht noch immer 0:0. 20. Minute: Hertha ist am Kontern und er schiebt auf Iarne und er hält. 30 Minute: Herta ist am Ball. Sie schießen und Tor!!!!!!!! 1:0 Hertha BSC. Zur Halbzeit steht es sogar 2:0 für Hertha BSC. 80. Minute: Jetzt wird es spannend. 2:2! Das 2:2 hat Denis gemacht. Weil er so groß ist, hat er bei der Ecke ein Kopfballtor gemacht. Nachspielzeit: 90 + 2. Es steht 2:2, aber der FC Realbay hat einen Freistoß. Pocko ist eingewechselt und er darf den Freistoß schießen. Er läuft an und schießt. Der Torwart springt und Tor für den FC Realbay, aber das war

Abseits. Videobeweis: Das Tor zählt nicht. Verlängerung, letzte Minute. Es steht 2:3 für den FC Realbay das Tor hat David gemacht. Das Spiel ist zu Ende. Sie gewinnen. Davids 6. DFB Pokaltor. Viertelfinale.

Heute ist es so weit: Viertelfinale im DfB Pokal. Heute ist die Auslosung. Die Auslosung dauert noch 5 Stunden aber der FC Realbay trainiert bis sie nicht mehr können. Die Auslosung ist da. Der FC Realbay spielt gegen Gladbach. Iarne, der Torwart von FC Realbay, freut sich schon auf die Tore, am meisten Luca M. und das Spiel fängt jetzt schon an, 30. Minute, 1:3 für Gladbach, 70. Minute, Ecke des Profis Luca M., Flanke in den Strafraum und David S. mit dem Fallrückezieher ins Tor! 1:4 für Gladbach und das Match ist zu Ende.

3. Spieltag in der 3. Bundesliega gegen Düsseldorf. Der FC Realbay hat den 2. Platz im Moment. Es steht 2:2 zwischen Düsseldorf und demFC Realbay. Der FC Realbay verliert 3:2.

TABELLE

FC Bochum
FC Realbay
Düsseldorf
Dresden
Sankt Pauli
Kiel
Würzburg Kicker
Braunschweig
1869 München

FC Bayern II
Türkgücü München
Wiesbaden
Ingolstadt
Osnabrück
Aachen
Halle
Regensburg
Hannover

Realbay spielt im DFB Pokal Achtelfinale gegen Braunschweig. 60 Minute: Es steht 3:0 für FC Realbay. Schluss. FC Realbay gewinnt das Spiel 3:0. Realbay kommt ins Viertelfinale gegen Kiel. Das Spiel haben sie auch 3:0 gewonnen. Das Halbfinale 😜 gegen Bayern München. Das Spiel verlieren sie leider. 4:0 für Bayen.

Wer steigt jetzt als erster Platz in die Bundesliga auf? Das entscheidene Spiel FC Bochum gegen FC Realbay. Der FC Realbay kontert in der 50 Minute und Tor!!! Aber sie verlieren das Spiel trotzdem 2:1. Der FC Realbay und Bochum, Düsseldorf auch steigen in die Bundesliga auf. Vorletzter Spieltag in der Saison gegen Düsselforf 2:1 für den FC Realbay und sie sind zweiter. Letzter Spieltag in der Saison. Der FC Bochum gegen den FC Realbay. Wer wird Meister? Der FC Bochum liegt 1:0 in Führung. Nachspielzeit und 1:1. Am Ende haben sie das Spiel gewonnen 2:1. Sie sind Meister!!! Im DFB Pokal Finale. Der FC Realbay gewinnt sogar den DFB Pokal gegen Bayern München 2:0. "Wir sind die besten!!!", schreien sie.

Ende

DER TRAUM

von Charlotte Maaß

Dieser Tag hatte nicht schlecht angefangen. Doch ich wusste nicht, was mir passieren sollte.

Aber jetzt erstmal von Anfang an. Ich war, wie jeden Morgen, wenn ich zur Schule ging, um 6:00Uhr aufgestanden. Ich hatte mich gewaschen, mich angezogen und dann gefrühstückt.

Danach war ich aus dem Haus gegangen, bis ich bei der Bushaltestelle angekommen war. Eine halbe gefühlte Ewigkeit später… kam endlich der Schulbus. Ich stieg ein und sah, dass es 7:21Uhr war. Das hieß, der Schulbus war genau pünktlich. Das war nämlich ungewöhnlich, weil der Schulbus sonst immer 1 oder 2 Minuten zu spät kam. Das beachtete ich nicht weiter und schon fuhr der Schulbus los. Doch der Schulbus fuhr nicht wie üblich zur Schule, nein, er fuhr einen alten, schlammigen Weg entlang. Ich wollte gerade den Busfahrer fragen, wieso wir nicht zur Schule fuhren, da entdeckte ich, dass der Busfahrer und die restlichen Schüler Zombies waren. So schnell ich konnte, drückte ich den Knopf, der die Tür öffnete und sprang aus dem Schulbus! Dieser fuhr den Weg entlang, bis er im Nebel verschwand. Ich blieb einen Moment lang stehen, bis ich den schlammigen Weg entlang ging. Danach ein paar Minuten später… kam ich an eine Art Friedhof an. Links und rechts von mir sah ich einen alt aussehenden Zaun, er war graugrün. Hinter dem Zaun sah ich Grabsteine. Ich ging näher heran, um alles genauer zu betrachten.

Auf einmal hörte ich ein unheimliches Stöhnen. Ganz, ganz langsam drehte ich mich um. Da sah ich, wie Hände und andere Körperteile aus den Gräbern kamen, es waren die Zombies. Ein kalter Schauer lief mir über den Rücken. Schnell rannte ich weg, doch die Zombies kamen hinter mir her, ich hatte unglaubliche Angst.

Als ich endlich den Weg hinter mir hatte, sah ich ein riesiges und altes Schloss vor mir. Es sah aus, als sei es über 200 Jahre alt, schnell ging ich hinein, um mich vor den Zombies zu schützen. Von innen war es sehr dunkel, in jeder Ecke stand eine Rüstung mit einer Fackel in der Hand. Fenster gab es nur ein paar, sie waren alle mit zerrissenen Vorhängen verdeckt. Langsam ging ich weiter in den Raum hinein. Plötzlich sah ich eine Gestalt am oberen Ende einer Treppe. Erst dachte ich, es sei ein Zombie, aber dann rannte die Gestalt weg. Schnell rannte ich hinterher, wir rannten durch viele Gänge. Schon bald verlor ich die Gestalt aus den Augen. Ich wollte gerade zurück gehen, als ich hinfiel. Schnell stützte ich mich auf, um zu sehen, über was ich gefallen war, da packte mich etwas am Bein, es war ein Vampir. Nun kamen Zombies und Vampire aus allen Ecken.

Plötzlich hörte ich lautes Klingeln. Alles wurde auf einmal schwarz. Als ich zu mir kam, lag ich verschwitzt neben meinem Bett. Glücklich vor Erleichterung atmete ich auf, ich wusste nun, dass es nur ein Traum gewesen war. Ende

zzzZZZ

Ende

Cristiano Ronaldo

von Bugra Tavsanli

Cristiano Ronaldo war früher arm. Er hatte früher nichts. Er ist jeden Tag zu Mc Donald's gegangen und hat immer in den **Müll geschaut, ob es was zum Essen gibt**. Dann ist er groß geworden und hat mit Fußball angefangen. Nach 5 Jahren Ist er reich geworden, hat eine große Familie bekommen. Er kriegt pro Sekunde 2,50 Euro. Hat 3 Villen mit 6 Autos in jeder Garage. Einen Bugatti, einen Ferrari, einen Bentley, einen Rolls Royce, einen Lambo und einen Porsche in der Garage. Er hat 4 Kinder und eine Freundin. Der eine Junge ist 11 Jahre, der andere ist 5 Jahre, der mittlere ist 4 Jahre und der kleinste 3 Jahre alt.

Ronaldo hat ein Fußballfeld gekauft. Als er noch klein war, ist er im Schwimmbad fast ertrunken. Zum Glück war da ein Mann, der hat Ronaldo gerettet.

Ronaldo war früher bei Real Madrid. da hat er sich nicht wohl gefühlt, weil die bei Real Madrid nicht gepasst haben und er keine guten Freunde hatte und sich nicht mit dem Trainer wohlgefühlt hat, weil er immer Alleingänge gemacht hat und er immer alleine Tore schießen wollte. Er wollte nicht auf seinen Trainer hören. Er floh nach Italien zu Juventus. Dort durfte er Alleingänge machen und alleine Tore schießen. Deswegen ist er froh, dass er zu Juventus gewechselt hat. Ronaldo kann bis zu 45 km/ h schnell rennen und kann bis zu 2,10m hoch springen und kann gut spielen.

Cristiano Ronaldo ist jetzt ein reicher Mann geworden. Er ist ein weltberühmter Fußballspieler. Die ganze Welt kennt ihn.

Flucht der Liebe

von Shaimaa Hammoud

Ich war in einem Tanzverein. Eines Tages kam ein neues Mädchen. Sie könnte nur arabisch sprechen und ein paar Wörter deutsch sprechen. Es gab ein anderes Mädchen, das konnte auch Arabisch. Als das Mädchen reinkam, sagte sie: "Marhaba Ana Jamila." Ich fragte Sara: "Was hat sie gesagt?" Sara sagte mir: "Sie sagte, hallo ich bin Jamila." Also ich sagte zu Jamila: "Komm!" Und sie sagte: "Cho ulte?" Also fragte ich Sara: "Was hat sie schon wieder gesagt?" Und Sara sagte: "Sie sagte, was hast du gesagt?". "Aha kannst du ihr sagen, sie soll mir hinter her kommen?" Sara sagte Jamila: "Imschi khalfaha!" Jamila sagte: "Agal!" Ich fragte Sara: "Was bedeutet agal?" Sara sagte: "Das heißt ok!"

Also, am nächsten Tag kam ein Junge und hatte einen crush auf Jamila, er konnte aber kein Arabisch. Also ging er zu ihr und sagte: "Ich liebe dich!" und Jamila sagte: "Hmm." Und rannte weg. Auf einmal kam sie zu mir. Sara sagte: "Heda sabe aliek ino behebik!" Und sie sagte: "Bas Ana ma bhebo!" Und ich sagte: "Sara, geh zu dem Jungen und sag ihm, dass sie ihn nicht mag."

Also ging Sara zu ihm und sagte ihm das. Als Sara ihn fragte: "Wie heißt du?" Antwortete er: "Ich heiße Thomas!" Auf einmal kam Jamila und sagte: "Ana ma behebak!" Und Sara sagte: "Sie hat gesagt, dass sie dich nicht mag!" Und dann sagte Thomas :"Aha ok!" Also ging er weinend weg. Ich lief zu ihm, aber er ließ sich nicht zur Rede stellen. Also sagte ich Jamila: "Tajale ulilu ino ma Badek jebke!" Dann sagte ich ihr: "Sara was hast du gesagt?" Sara sagte mir: ‚Ich habe ihr gesagt, dass sie ihm sagen soll, dass er nicht weinen soll!" Also ging ich zu ihm und sagte: "Thomas, Jamila hat gesagt, sie will nicht, dass du weinst!" Also weinte er nicht mehr.

Am nächsten Tag kam Jamila nicht, weil sie krank war. Thomas ging nach dem Tanzen zu ihr und sagte: "Wie geht es dir?" Sie fragte ihre Mutter: "Cho all?" Sie verstand Deutsch, also sagte sie: "All ino inte Mniecha?" Also ging die Mutter zu ihm und sagte: "Ihr geht es gut, danke für die Blumen und den Kuchen, tschüss!" Also ging er weg. Am Abend telefonierten Sara und Jamila. Sie redeten über Thomas. Jamila sagte: "Ana ma behebo!" Sie sagte: "I ch mag ihn nicht!" Darauf antwortete Sara: "E ma lesem et hebie!" Sara sagte, du musst ihn nicht mögen, also legte Jamila auf. Am nächsten Tag ging sie wieder nicht zum Tanzen und Thomas meldete sich ab.

Am nächsten Tag konnte Jamila Deutsch. Sie fragte: "Wo ist Thomas?" Darauf antwortete ich: "Er hat sich abgemeldet!" Sie sagte: "Jaaaaaa!!!" Aber ich und Sara waren echt traurig darüber, weil er ein echt netter Junge war. Also meldeten wir uns auch ab. Daraufhin sagte Jamila: "Was macht ihr?" Wir sagten: "Weil Thomas weg ist!" Also am nächsten Tag fing die Schule an und Thomas war auch auf der Schule. Er sah ihr in die Augen, aber sie flüchtete immer, wenn sie ihn sah. Also hat er es aufgegeben. Sie sah ihn wieder und flüchtete. Am nächsten Tag ging sie nicht hin, weil ihre Mutter sehr schwer krank war. Als es bei ihr klingelte, sah sie Sara vor ihrer Tür. Sie rannte hin und machte auf. Sie sagte: "Meine Mutter ist sehr schwer krank, kannst du mir helfen, bitte!" Sara sagte: "Ja natürlich!" Also kam sie rein und sagte: "Habt ihr Tabletten?" Jamila sagte: "Ja soll ich noch ein Glas mit Wasser holen oder nicht?" Ich sagte: "Ja natürlich, bitte hol es schnell!" Ihrer Mutter ging es nach der Tablette ein bisschen besser.

Ich weiß gar nicht, warum alle gerne in den Wald gehen…

von Laura Tomicka

In meiner Freizeit bin ich gerne mit meiner Familie draußen an der Weser oder im Park oder am See. Neulich ist meine Familie mit uns in den Wald gefahren. Erst war es total schön. Wir haben dann im Wald Verstecken gespielt. Auf einmal war ich alleine im Wald und hörte es knacken, rauschen und knarren. Ich wusste nicht, was das war und merkte, wie mein Herz immer schneller schlug. Ich war ganz starr vor Angst. Da waren durch die Sonne, die durch die Bäume fiel, Schatten, die mir Angst machten. Ich konnte nicht schreien, nicht wegrennen, war wie ein Baum auf der Stelle festgewachsen. Die Schatten bewegten sich hin und her. Ich sah ein Reh, wie es da lang lief. Das machte mir alles Angst, da ich noch nie alleine irgendwo im Wald war. Ich sah niemanden von meiner Familie und wusste nicht, ob ich nach rechts, nach links vor oder zurück laufen sollte. Ich fand mich nicht mehr zurecht. Da liefen überall Käfer und auch Spinnen rum. Ich fing laut an zu schreien, aber niemand war zu sehen. Ich wusste nicht, was ich tun sollte. Ich konnte nicht mehr atmen, mein Herz schlug immer schneller bis zum Hals. Was sollte ich tun. Ich fing an zu laufen. Alles sah irgendwie gleich aus. Wo war ich, wo musste ich hin? Ich hatte nur noch Angst. Alles im Wald machte mir Angst.

Es wurde langsam dunkel und ich dachte ich hätte mich verlaufen. Immer wieder dieses Knacken, als wäre da jemand. Durch die Sonne die unterging, sah ich etwas am Ende der Bäume. Ich lief weiter und erkannte meine Mutter. Ich lief schneller und schneller. Ich fiel meiner Mutter in die Arme und war vor Erleichterung am weinen. Ich sagte zu ihr und sagte: "Ich weiß gar nicht, warum alle gerne in den Wald gehen."

Als wir alle am Auto waren, fuhren wir endlich wieder nach Hause. Ein Glück dachte ich mir. Der Schrecken war vorbei. In den Wald werde ich nie wieder gehen. Nachts träumte ich wieder von dem Ausflug und wachte vor Angst schreiend auf. Meine Mutter kam zu mir und legte sich zu mit ins Bett, dann konnte ich wieder einschlafen. Die Angst hat mich noch eine ganze Weile verfolgt.

DER ZEITREISENDE JEASON

von Jarne Torbrügge

Jeason hatte heute Geburtstag. Er wurde 13 Jahre alt. Er bekam seine erste Zeitreise nach Deutschland. Er wollte nur ein normaler Mensch sein, aber er war ein Alien, als dann ein Meteor in ihm einschlug. Erst war er bewusstlos. Als er wieder bei Bewusstsein war, fühlte er sich gar nicht schwach oder erschöpft. Er fühlte sich sogar ganz gut. Als er sich nach Deutschland gewünscht hatte, kam eine Zeitmaschine und er flog nach Deutschland, aber 3 Jahre zurück. Und dann hat er erst bemerkt, dass er Superkräfte hatte. Damit wollte er den Menschen helfen und Diebe stoppen. Seine Lieblingskraft war aber der Gefrierstrahl. Und dann fiel ihm ein, dass er nach Hause musste. Er rief wieder die Zeitmaschine und reiste auf seinen Planeten. Am nächsten Tag wollte er es seinem Vater zeigen. Er ging hin und zeigte ihm die Superkräfte. Er flog wieder 30 min. zurück und sah, dass er ein feindliches Alien war. Er flüchtete direkt 30 Jahre zurück und bereitete sich vor. Er wollte nämlich kämpfen. 1 Jahr später war er bereit und ging 31 Jahre zurück. Sein Vater war immer noch da und er wollte ihn mit dem Gefrierstrahl erstarren, aber es klappte nicht, denn er hatte auch Superkräfte. Er war verzweifelt, er benutzte die Superstärke. Nur die Kraft ist zu schwer und der halbe Planet explodierte. Dann benutzte er seinen zweiten Modus von Jeason, so wie er ihn nannte, seine zweite Gier. Er war jetzt doppelt so stark wie sonst, er holte sein Schwert raus. Jetzt konnte ihn niemand stoppen. Er zerschnitt seinen Vater mit nur einem Schnitt. Sein Vater war in zwei Teile aufgeteilt und Jeason hatte seinen Planeten gerettet und alle bedankten sich bei ihm. Er war einfach der Held. Und damit endet die Geschichte!

Der Große Junge auf der Flucht

von Lilly Bock

Heute war ein schöner warmer Sonntag. Meine Familie beschloss heute in die Eisdiele zu gehen. Die Eisdiele war sehr voll und die Leute warteten bestimmt schon seit Stunden auf ihr Eis. Meine Mutter fragte mich, was ich denn für ein Eis möchte und ich antwortete ihr: "Ich hätte gerne einen Spaghetti-Eis-Becher". Auf einmal wurde ich von einem großen Jungen weggeschubst. Der Eisdielenverkäufer rief nur noch ganz laut: "Stoppt ihn, er hat ein Eis geklaut". Nachdem der große Junge weg war, kam auch schon die Polizei. Wir bekamen nur noch mit, wie die Polizei meinte, der Junge und seine Familie sind Diebe und schon eine Weile auf der Flucht. Wir wurden alle zu dem Jungen befragt und durften dann nach Hause gehen. Na ja, mein Eis bekam ich leider nicht mehr und der große Junge und seine Familie sind weiterhin auf der Flucht.

HORRORSTADT

von Emilia Sok und Marta Drzazga

Es gab einmal zwei Zwillinge, die hießen Emilia und Marta. Sie zogen weg in eine Horrorstadt. Die Mutter sagte: "Könnt ihr eine Suppe kaufen, bitte?!" Die Zwillinge sagten: "Ja, gerne." Als sie in dem Einkaufsladen waren, haben sie eine komische Stimme gehört. Die komische Stimme sagte: "Kommt rein, ihr kleinen." Die Zwillinge hatten Gänsehaut, Marta sagte: "Keine Angst, wir schaffen das schon." Sie gingen rein, Emilia hat eine schöne schwarze Puppe gesehen. Sie wollte sie unbedingt haben, Emilia nahm die Puppe in die Arme, und sie sind weiter gegangen.
Plötzlich drehte sie ihren Kopf. Sie guckte hoch. Marta!!!! Emilia schmiss die Puppe auf den Boden. Sie haben sich erschrocken. Auf einmal war es dunkel, sie sahen fast nichts. Marta hat etwas Leuchtendes gefunden und das waren zwei Taschenlampen. Wir haben die Taschenlampen genommen und endlich eine Suppe gefunden. Wir sind zur Kasse gegangen. Da stand ein Wolf mit einer Brille, wir hatten große Angst, obwohl uns auch was zu dem Wolf geschoben hat. Der Wolf fragte: "Was wollt ihr kaufen?" Marta antwortete:

"Ei-n-n-e Su-su-su-pp-pp eeeee!"

Der Wolf sagte: "Das kostet 5,20€."
Emilia sagte: "Bitte und tschüssss!" Sie gingen von dem Einkaufsladen weg nach Hause.
Die Mutter fragte: "Habt ihr die Suppe gekauft?." Plötzlich sprang eine große Spinne auf Emilias Gesicht. Emilia schrie:

AAaaaa!

Hilfe, eine große Spinne!" Die Mutter nahm die Spinne, und sagte: "Das ist doch nur eine Spinne". Die Mutter hat die Spinne genommen und in die Freiheit geschickt. Marta packte die Suppe weiter aus. In der Suppe hat sie einen kleinen Roboter gefunden, er war so groß wie die Hand. Marta hat sich ein bisschen erschrocken und rief: "Eyyyy! Emilia da ist ein Roboter!!." Emilia sagte: "Was ein Roboter, ich komme gleich!" Der Roboter hatte was komisches gemacht. Er hatte einen Löffel in der Hand, eine Mütze wie ein Koch und eine Schlüssel. Er probierte etwas aus der Schüssel und sagte: "Mmmmmm... lecker." Die Mutter fragte: "Was hast du da in der Schüssel, Roboter?" Der Roboter antwortete: "Eine Suppe." Die Mutter sagte: "Ohhhhh danke!" Der Roboter sagte: "Guten Apetitoo!" Alle sagten: "Danke schön, lieber Roboter." Die Nacht beginnt. Sie gingen schlafen, die Mutter alleine und die Zwillinge zusammen. Die Zwillinge hörten Geräusche neben einem Ball, der sich plötzlich bewegt hat. Hinter dem Ball hatten sie eine schwarze Gestalt gesehen mit roten Augen. Emilia schrie: "Hilffffe, eine schwarze Gestalt, Mammmmmiiiii!" Mama kam rein und fragte: "Was ist passiert?" Marta antwortete: "Eine schwarze Gestalt war hinter dem Ball." Die Mutter fragte: "Eine Gestalt?" Emilia antwortete: "Ja, ja, ja, ja, eine Gestalt mit großen roten Augen!" Die Mutter sagte: "Ok, aber es ist Zeit, um aufzustehen für die Schule." Die Zwillinge sagten: "Aber es ist null Uhr nachts!." Die Mutter sagte: "Ihr fangt um null Uhr an und endet um 5 Uhr morgens." Die

Zwillingen meckern: "Seit wann!!!?." Die Mutter sagte: "Seit heute." Die Zwillinge gingen zur Schule, und schimpften: "Was ist das für eine verrückte Schule!." Emilia sagte: "Ja, das stimmt, unsere Mutter hat mir gesagt, dass es ein roter schwarzer Bus ist." Marta sagte: "Da ist der rote, schwarze Bus." Sie rannten zu dem Bus, weil sie bemerkt haben, dass er wegfahren will. Sie haben ganz viele Kinder gesehen mit Kostümen und sie haben sie komisch angeguckt, wir waren schon neben der Schule, sie war so schwarz und rot mit vielen Spinnennetzen. Wir waren schon in der Schule und haben bemerkt, dass etwas uns schob, das war der rote Teppich. Wir haben Angst bekommen, aber der Teppich führte uns beide in eine Klasse, sie hieß Geisterklasse. Alle waren als Geister angezogen, außer die Zwillinge. Emilia schrie: "Ich will hier raus!" Emilia rannte aus der Klasse raus. Marta hat eine große Krake gesehen. Das war eine Lehrerin und sagte: "Hallo, liebe Kinder, ich sehe, dass ein Kind fehlt." Und sie hat gesagt, dass sie Frau Krake heißt. Marta rannte zu ihrer Schwester. Marta schrie: "Emilia, wo bist du?!" Marta hat sie in der Toilette gefunden. Emilia hat gezittert. Emilia sagte: "Ich will hier nicht sein, ich habe Angst!" Ein Kind kam rein und sagte: "Uhhhh, ohhhh, iiii, oooo ,uuuu!" Emilia musste lachen und sagte: "Ok Geist!" Dann waren sie plötzlich in ihrem alten Haus und sagten: "Warum sind wir hier?" Marta sagte: "Keine Ahnung!" Die Mutter sagte: "Ich habe euch nur die Geschichte vorgelesen und wie hat es euch gefallen?"

Ende

Die Flucht vor dem Bösen Jungen

von Dionis Plakolli

Zuerst möchte ich mich vorstellen. Mein Name ist Leon ich bin 13 Jahre alt und lebe in Deutschland.

In meiner Nachbarschaft wohnt ein unheimlich böser Junge. Ständig verfolgt er mich und droht mir was anzutun. Irgendwann traute ich mich nicht mehr auf die Straße und beschloss endgültig zu flüchten. Um wegzufliegen oder mit einem Auto wegzufahren hatte ich nicht die nötigen Mittel und Geld hatte ich auch keins. Warum ich kein Fahrrad nutzte?

Ich hatte keins. Nach kurzer Zeit packte ich meine 7 Sachen. Dazu gehörten: ein bisschen zum Essen und Trinken, Wechselklamotten meine Taschenlampe, die ich von Opa bekam, eine riesengroße Landkarte und zuletzt ein Schlafsack.

Es war dunkel, meine Knie fingen an zu schlottern als ich das Haus verließ. Keine 3 Schritte später bemerkte ich den bösen Jungen hinter mir.

Ich fing wie verrückt an zu laufen. Ich lief und lief um mein Leben, doch plötzlich stolperte ich und fiel hin. Mein Ellenbogen brannte vor Schmerz und ich machte mir vor Angst in die Hosen. Gott sei Dank schaffte ich es, mich wieder aufzurappeln und lief mit nasser Hose weiter. Aus dem nichts fiel plötzlich ein Ball auf meinem Kopf. "Aua!", rief ich und schaute nach oben. Es regnete einfach Bälle! Es waren tausende Bälle, die vom Himmel gefallen sind, wo kamen sie nur her? Nach langem Suchen fand ich endlich einen Unterschlupf, wo ich mich voller Erleichterung versteckte.

Jedoch hielt diese Erleichterung nicht lange an, denn ich hörte, wie etwas Lautes in meine Richtung galoppierte, ich traute meinen Augen nicht, als plötzlich eine Horde Pferde mit einem Eichhörnchenkopf auf mich zukamen. Es waren

 EICHHÖRNCHENPFERDE! 

Auf einem saß der böse Junge drauf. Der Schweiß tropfte mir vor Angst bis zum Kinn runter, es war jedoch meine allerletzte Chance. Ich nahm all meinen Mut zusammen und sprang mit ganzer Kraft auf ein Eichhörnchenpferd auf und ritt los. Völlig aufs reiten fokussiert, wagte ich einen Blick nach hinten, um nach ihnen zu schauen, doch plötzlich stoppte das Pferd ruckartig und ich stürzte in eine sehr sehr tieeefe Schlucht, die ich nicht zuvor bemerkte.

Mein Geschrei war soo unendlich laut, sodass man mich bis zum Mond hätte hören können.

"Leon, Leon"!, rief eine sehr vertrauensvolle und bekannte Stimme nach mir! Es war meine Mutter. Ich öffnete meine Augen und sah das grelle Licht, denn es war schon früh am Morgen und die Sonne schien durchs Fenster. Voller Erleichterung stellte ich fest, dass es nur ein blöder Albtraum war. Jedoch gab es den bösen Jungen wirklich in meiner Nachbarschaft und irgendwann werde ich vor ihm fliehen.

Feen Wald

von Felina Tran

Im Wald am frühen Morgen sind alle aufgestanden um zu frühstücken. Alles war normal, außer das Rascheln im Busch. Es war ziemlich komisch, weil doch die Sonne schien, und kein einziges Mal wehte Wind in den Büschen und Bäumen, es sah aus wie ein kleines Reh. Aber in Wirklichkeit war es ein **KILLER**! Keiner wusste davon, außer Justin Feeling. Er war ein junger Mann und warnte natürlich alle, aber dummerweise haben sie ihm nicht geglaubt und ihn ausgelacht. Er war fassungslos - also musste er allein fliehen. Natürlich machte alles ihn traurig, dass sie ihm nicht geglaubt haben. Aber es war nicht die richtige Zeit um rum zu schmollen, außerdem musste er noch seine ganzen Sachen schnell packen. Er war fertig mit dem Packen jetzt musste er nur noch schnell aus dem Land fliehen. "Die anderen wurden wahrscheinlich schon erwischt und verfolgen mich, aber ich muss stark bleiben und schnell wegrennen."

Er hat's geschafft, er ist auf der anderen Seite der Welt angekommen! Justin: "Ich glaube, er hat meine Spur verloren! Ich glaube, ich sehe mich erstmal um." Er ging sich eine halbe Stunde umschauen. Dann aber hat ihn plötzlich ein komischer Mann angesprochen. Er war komplett schwarz angezogen und sein Gesicht war mit einer Maske verdeckt, nur seine dunkelbraunen Augen waren noch zu sehen. Der Fremde hatte gefragt was er hier suchen würde.

Justin antwortete: "Ich schaue mich nur um und suche nach einem Unterschlupf. Wissen Sie vielleicht, wo ich vorerst schlafen könnte, bis ich einen Job habe und genug Geld habe, um mir eine Wohnung zu mieten? "Wie heißt du überhaupt?" Der Fremde antwortete: "Ich heiße Martin, und du kannst gerne bei mir wohnen." Justin bedankte sich bei ihm und sagte: "Dann können wir ja zu deiner Wohnung gehen."

Sie kamen bei seiner Wohnung an und Martin fragte: "Und wie gefällt es dir hier so?" Justin sagte: "Mir gefällt es hier, es sieht schön gemütlich aus." Es war schon dunkel, also gingen sie schlafen. Am nächsten Morgen stand Justin auf und Martin rief: "Frühstück ist fertig, komm in die Küche!"

"Ah, da bist du ja. Dann können wir ja jetzt frühstücken und ich zeig dir die ganze Stadt." Er zeigte ihm die Stadt, aber dann war er wieder da, der böse **BÖSARTIGE KILLER**. Er verfolgte sie! Sie rannten und rannten. Vor Angst konnte Justin kaum noch atmen, aber er lief, er lief unermüdlich weiter. Schließlich rannten sie auf eine Klippe zu. Unter dieser Klippe war ein alter Eukalyptusbaum mit alten knorrigen Ästen. Es war ein schwieriger Sprung, aber Martin und Justin schafften es problemlos, den Sprung zu meistern. Auch der Verfolger setzte zum Sprung an, blieb mit dem Fuß in einer Spalte hängen und stürzte die Klippe hinab. Sie konnten jetzt wieder hinaufklettern und zurück zur Wohnung und seine Sachen packen. Justin verabschiedete sich von Martin und ging zurück zu seiner Heimatstadt.

THE MIMIC

von Kübra Tavsanli

Hallo ich stelle mich mal vor: Ich bin Lara und bin 13 Jahre alt. Mein Hobby ist, in verlassenen Häusern im Dunkeln rumzugehen.

Ich und meine beste Freundin namens Klara sind eines morgens in die Schule gegangen. Wir hatten eine Freundin, namens Larissa, die immer nur schwarze Sachen anhatte und wir haben gefragt, warum sie nur schwarze Sachen anhatte. Sie guckte nur und lächelte und ging. Klara sagte: "Warum hat sie gelächelt?" "Ich weiß es nicht, aber es ist doch egal." "Ja, es ist egal, aber kannst du heute um 20 Uhr zu mir kommen und übernachten?", fragte Klara. Ich sagte vor Freude: "Ja klar kann ich kommen!"

5 Stunden später

Lara ging zu Klara. 5 Minuten später klopfte Lara an Klaras Tür. Klara machte die Tür auf und sagte: "Hallo." Ich lächelte und bin reingegangen und wir sind in ihr Zimmer gegangen und haben uns hingesetzt. Ich habe gefragt, ob sie weiß wo Larissa wohnt. Klara sagte: "Ja." Ich fragte, ob wir zusammen zu ihr gehen könnten. Klara sagte: "Ja, aber wir müssen vorsichtig sein, weil in ihrer Mutter ist, glaube ich, ein Dämon drinnen. Ich bin schon mal dahin gegangen, und es ist eine verlassene Schule, aber ja, lass uns da hingehen." Klara und Lara haben ihre Jacken angezogen und ihre Schuhe und gingen in die verlassene Schule von Larissa.

15 Minuten später sie sind angekommen. Die Tür war offen, und da waren Spinnen- netze, es war alles kaputt. Klara und Lara sind reingegangen, da waren Ranzen und Blut und eine Tür. Wir haben die Tür aufgemacht. Da waren Stühle

und Tische und 2 Bilder. Auf einem Bild war Larissa mit ihrer Mutter, auf dem anderen war nur ihre Mutter. Ihre Mutter sah so gruslig aus! Sie hatte einen großen Mund, ihre Zähne waren schwarz, ihre Augen waren schwarz und sie weinte. Sie trug einen pinken Hut und ein Kleid in grau. Klara sagte: "Sollen wir lieber raus?" Ich sagte: "Nein, lass uns noch ein bisschen hier bleiben." "Lara, da unten ist ein Schlüssel!" "Hä, von wo kommt der Schlüssel?", sagte ich und hob den Schlüssel auf. Wir drehten uns um: "Lara, da ist die Mutter! Warte, was sage ich ..." "Scheiße", sagte Klara. Ich und Klara schüttelten den Kopf. Ich guckte und sie war weg! Ich und Klara sind raus gegangen, da war noch eine Tür. Klara sagte: "Hast du die Tür schon da gesehen?" Ich sagte: "Nein, aber lass uns da mal reingehen." Da war eine Cafeteria, da unten war eine Treppe. Wir sind die Treppe runtergegangen, da war eine Tür, aber sie war abgesperrt. Aber ich hatte ja den Schlüssel. Der Schlüssel hat reingepasst. Da waren ein schwarzer Raum und etwas Rotes. Das Rote war ihre Mutter, sie weinte da und ging. Aber es gab noch eine Tür. Wir sind zu der Tür gerannt und haben die Tür aufgemacht und wir waren draußen! Hinter uns war dann die Tür abgesperrt. Wir hatten so große Angst und wollten flüchten! Die Tür ging wieder auf und wir sind wieder zu Klaras Wohnung gegangen. "Hast du das nicht gesehen? Das war gruselig!" Ich und Klara haben unsere Sachen gepackt und sind zu einer anderen Stadt gegangen. Klara und ich waren so glücklich, dass wir vor Larissas Mutter geflüchtet sind.

Ende

Die Flucht der Geisterschule

von Daniil & Rinor

Kapitel 1 "Der Anfang"

Ich und Rinor waren in Hannover und sahen ein Haus. Das Haus war von drinnen und von draußen kaputt. Wir sind reingegangen. Ich sagte: "Es ist so unheimlich hier, meinst du das auch so?" Rinor sagte: "Ja!!!" Auf einmal ging hinter uns die Tür zu. Wir liefen in der Schule rum. Wir schrien:"AAAAAAAAAAAAAAAAAAAAAAAAAAAAAAAAAAAAAAAAAAAH!!!!!!".Wir haben uns versteckt. Nach 10-20 Minuten sind wir aus unserem Versteck rausgegangen. Dann hatten wir Hunger bekommen. Wir suchten einen Kühlschrank.

Rinor fand einen in der Kantine und sagte mir Bescheid. Ich habe ihn aufgemacht. Wir sahen Essen und ein wenig Trinken. Ich sah ein Blatt und da stand etwas drauf. Ich las vor: "NICHT ESSEEEEEEEEEEEN!!!!!!!!!!!!!!!!!!!!" Ich fragte: "Warum? Es ist doch nur Essen." Rinor sagte: "Wir haben doch Hunger" Ich fragte: "Wollen wir es uns für später aufheben?" Rinor sagte: "Warum? Wir können jetzt etwas davon naschen." Ich sagte: "Der das geschrieben hat, ist bestimmt BALLA BALLA!" Rinor antwortete: "JEP! Du hast recht."

Kapitel 2 "Halb - Finale"

Wir sahen eine Treppe und gingen hoch. Auf einmal ging unter mir die Treppe runter. Ich schrie:
"AAAAAAAAAAAAAAAAAAAAAAAAAAAAH!!!!!!!!!!!!!"
Ich dachte, ich wäre gaaaaaaaaaaaaaaaaaaaaaaaaaaaaaaaaaaaaaaaaaaaaaaaaaaanz weit unten gewesen. ABER Rinor

hatte mich aufgefangen. Er hatte mich hochgezogen. Ich sagte: "DANKEEEEEEEEEEEEE...". "Bitte", sagte Rinor. Wir sind weiter gegangen. Rinor hatte einen Zettel gefunden. "DANIIL, GUCK MAL, WAS ICH HIER GEFUNDEN HABE!!!!!!!", schrie er. "Ich stehe neben dir ... musst nicht schreien ...", sagte ich. Ich las vor: "Willkommen in der.......... GEISTERSCHULE!!!!!!!!!!!!!!!!!!!!!!!!!!!!!! ES spukt hier - IHR müsst Hinweise finden, um hier rauszukommen. Warum? WEIL DIESE SCHULE ALLE VERSCHLUCKT, DIE HIER REIN KOMMEN!!!!!HAHAHHAHAHAHHAHAHHAHAHHAHAHHAHAHAHAHHAHHHAHAHAHHAHAHHAHAHHAHHHHAHHAHHAHAHAHHHHAHHHHAHHAAHHHAHAHAHAHAHHAHAHAHAHHAHAHHHAHAHAHHHAHAHAHAHAHAHHAHAHAHAHAHHAHAHAHAHAHAHAHAHAHAHAHAHHAHHAHAHAHAAAAAHHHHAHAHHHAHAHHHAHHAHAH!!!!! OK. ICH übertreibe... EGAL, IHR müsst Hinweise finden. Der Erste Hinweis: DER BIOLOGIERAUM IST DER GRUSELIGSTE RAUM. DA GIBT ES AUSGESTOPFTE TIERE! IN VITRINEN!!!! DER HINWEIS LIEGT IRGENDWO DORT. ABER WO? DAS IST DIE FRAGE DER ZEIT...

KAPITEL 3 "FINALE"

"OMG! Das ist gruselig!", sagte Rinor. "Aber sowas von!", sagte ich. "Ihr kommt hier raus!HAHAHHAHAHHAHAHAHAHHAHAHAHAHAHAHAHAHAHAHAHAHAHAHAHAHAHAHHAHAHAHAHAHAHAHHAHAHAHAHAAHAAHAHHAHAHAHAHAAHAHA!!!!!!!", sagte jemand. "DANIIL, HÖR AUF DAMIT!!!!!!!!!!!", schrie Rinor. "Das war ich NICHT!", sagte ich. Wir suchten weiter den BIOlogieraum. Ich schrie: "DA!!!" Rinor hatte sich erschrocken und schrie herum: "WER!?!WIE!?!WAS!?!WANN!?!WO!?!" Ich sagte: "Jamoin. Da ist der BIOlogieraum". Wir gingen zur

Tür, machten sie auf. Alles war verkehrt herum. AUSSER ein Zettel, der war sozusagen an der Decke. Ich wollte den Zettel holen, bis ich dann auf einmal hoch flog.... "ALLES OKI??????", fragte Rinor. "JEP!", sagte ich. Ich kletterte auf einen Stuhl, der auf einem Lehrertisch stand. Dann griff ich nach dem Zettel und sprang wieder zu Rinor. "WAS? Der Zettel hat eine Öffnung", sagte ich. Ich machte die Öffnung auf und nahm daraus einen Schlüssel. Wir rannten zum Ausgang. Ich machte die Tür auf und wir rannten davon.

The Mimic

written by Sara Urban & Lina Brandts
illustrated by Tara Pajkovic

Teil 1

Das Spiel The Mimic, es ist ein ganz normales Spiel in Roblox. Es war zwar ein bisschen Horror. Aber sonst war alles ganz normal. Doch ich und meine zwei Schwestern hatten das Spiel The Mimic einfach nur geliebt, aber es passierte etwas Schreckliches…

An einem ganz normalen Abend, das dachten wir uns nur. Aber in Wirklichkeit war es nicht so.

An diesem Abend hatten wir The Mimic zusammen gespielt. Und dann zog uns das Spiel hinein! Und plötzlich standen wir im Hotel, da wo wir aufgehört hatten zu spielen. Denn dann wurden wir ins Spiel gezogen.

Dann sahen wir dieses Mädchen, was auf dem Boden krabbelte, und wir rannten sofort weg!

Aber leider in eine Sackgasse. Das Mädchen, eigentlich das Monster, es kam immer näher. Wir konnten zum Glück dem Monster ausweichen und weg in den Fahrstuhl, in die nächste Etage, was wir zwar nicht wollten, aber sonst wären wir gestorben! Und wir wussten ja nicht was uns in der nächsten Etage erwartet!?!?

Teil 2

Dann kamen wir in der 3. Etage an.

Wir sahen einen Gang, der nach hinten führte...

Wir folgten dem Gang, bis wir an eine Tür kamen, wo ein Hebel daneben war! Dann öffneten wir die Tür, Lina ging vor, wir gingen langsam hinterher.

Dann kam ein Monster und erschreckte uns, wir rannten zurück vor die Tür und schlossen sie wieder.

Dann machten wir einen Plan, um an dem Monster vorbei zu kommen...

Dann hatten wir endlich einen Plan, gefühlt sind 10 000 Jahre vergangen.😜 Lina ging wieder vor und hielt sich an unseren Plan, Lina ging die Treppen hoch.

Hinter Lina war das Monster, es war sehr dicht, das Monster hätte sie fast geschnappt! Als das Monster weg war, kam Lina wieder runter und in der Zeit als Lina das Monster abgelenkt hatte, hatten Tara und ich (Sara) den Key geholt, den wir für die nächste Tür brauchten !

Dann öffneten wir die nächste Tür, wofür wir den Key brauchten, den wir natürlich hatten. Hinter der Tür war ein sehr dunkler leerer Flur, als wir durch den Flur gingen, flackerte das Licht !!!

Plötzlich stand am Ende des Ganges ein Monster, mit einem richtig langen Hals.

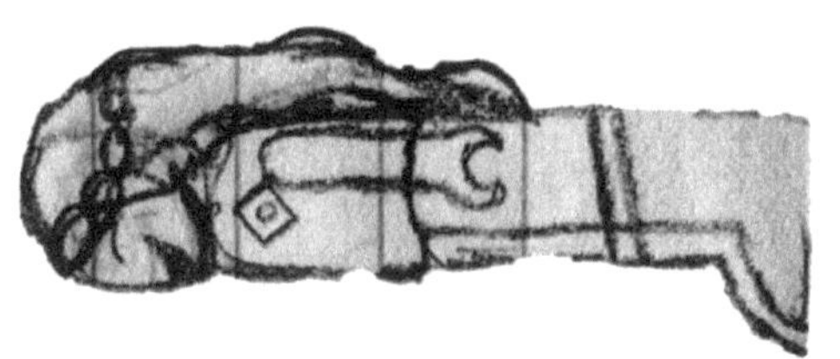

Wir sind fast in Ohnmacht gefallen, weil das Monster so Horror aussah.

Dann kam das Monster mit dem langen Hals auf uns zu, doch dann verschwand es wieder aus dem Nix.

Teil 3

Wir gingen weiter und dann kamen wir in einem Raum an, die Räume waren riesig. Tara ging in einen Raum und rief zu Lina: "Hey Lina, komm mal her! Und hör mir genau zu... Hörst du das?", fragte Tara. Lina sagte: " Ja, ich höre es." Die Stimme sagte: "Help me!!!" Wir folgten der Stimme, wir standen vor einer Tür, das Geräusch kam von hinter der Tür! Ich (Sara) öffnete die Tür ...

Und wir gingen in den Raum hinein. Doch da war noch eine Tür, aber doof war, dass die Tür verschlossen war. 😎

Dann gingen wir in die linke Tür. Und da war der Key hinter der Tür!

Wir haben die leuchtgrüne Tür gesucht, endlich hatten wir die leuchtgrüne Tür gefunden. Wir öffneten sie und Lina wurde gejumpscared.

Lina hatte sich natürlich zu Tode erschrocken und WTF gerufen !!!

Wir sind in den nächsten Raum gegangen, plötzlich rannte ein Monster auf uns zu!!!!! Wir hatten Angst und hielten uns fest. Doch dann verschwand es wieder aus dem Nix. Wir gingen aus dem Raum und gingen zu einer anderen Tür! Wir hatten einen Schmetterling und brauchten ihn für die nächste Tür. Wir haben den Schmetterling eingelöst und gingen in die Tür hinein. Wir wurden an einen neuen Ort gespawnt und gingen gleich weiter.

Wir gingen über Äste und Baumstämme, die aussahen wie eine Treppe!?!?

Und da waren sehr schöne Bäume. Wir folgten den Schmetterlingen,

die so schön leuchteten. Tara und ich (Sara) schauten uns um, Lina ging einfach weiter.

Da begegnete ich (Sara) einem toten Mann!!! Ich (Sara) hatte dann natürlich gleich Lina und Tara gerufen, die beiden kamen sofort angerannt. Die beiden erschraken!

Dann kamen wir auf eine Brücke zu, als wir weitergegangen sind, wollten wir auf die Brücke raufgehen, aber dann... stand plötzlich eine schwarze Gestalt vor uns,

sie starrte uns alle mit riesigen Augen an!!! Tara fand dann einen weiteren blauen

Schmetterling und rief: "Da hinten auf dem Berg, da ist eine leuchtende Tür! Wollen wir da mal hingehen?" Wir liefen zur Tür hin und teleportierten uns zu einem Labyrinth.

Doch es war nicht nur ein ganz normales Labyrinth, es war ein Krankenhaus.

Wir alle haben uns erschrocken und sahen eine Puppe auf einem Rollstuhl ohne Beine und Arme!!! Fast überall waren Arme und Beine auf dem Boden und an der Wand lauter Blut!!! Wir fingen an, einem Weg zu folgen. Wir kamen an einer Treppe an, die nach oben führte. Sie war nicht besonders hoch, wir gingen die Treppe hoch und kamen an einem langen Gang an. Der Gang war nicht ganz normal. Lina blieb stehen und dachte nach, welcher Weg der Richtige war. Es rannte eine große Puppe den Gang entlang und sah uns zum Glück nicht. Sie rannte zurück zu uns und sah Lina. Wir rannten weg und fanden einen Key, und wir sammelten ihn schnell auf und rannten zurück, da wo wir gespawnt wurden. Jetzt ging es rechts entlang, und da war ein ganz langer Weg und wir gingen in den Gang hinein. Da war eine Tür und wir hatten den key für die Tür und öffneten sie schnell: Und waren in 1 Sekunde in die Tür gegangen.

Teil 4 - Das Entkommen von The Mimic

Wir sind an einen fast ganz schwarzen Ort gespawnt,

wir hatten zum Glück aber eine Laterne dabei. Wir gingen einen Weg entlang mit der Laterne natürlich, sonst würden wir nichts sehen.

Und wir gingen dann zu einem Weg, es war kein normaler Weg sondern ein Labyrinth - schon wieder. Da sagte Lina: "Jetzt reicht es wirklich mit den vielen Labyrinthen!"

Dann sagte ich (Sara): "Wann kommen wir denn endlich wieder zurück ins echte Leben?"

Tara hatte leider keine Antwort darauf aber sagte: "Wisst ihr was? Folgt mir einfach, ich glaube, ich kenne dieses Labyrinth!"

Tara raste durch das ganze Labyrinth, so dass ich (Sara) und Lina gar nicht so gut folgen konnten. Alle fühlten sich plötzlich komisch und konnten sich nicht bewegen.

Plötzlich waren wir wieder in unserem Zimmer aufgetaucht!!! Wir freuten uns, dass wir wieder zuhause waren.

Doch es war leider mitten in der Nacht.

Also mussten wir schnell schlafen gehen.

ENDE

Die nervige Erdbeeren Flucht

von Lisa Imeri

"Wie nervig ist es nur, wenn man eine Erdbeere als Mitbewohnerin hat, die nur halbwegs so wie Marla ist. Heeaaahhh! Es wird wohl Zeit für mich aufzustehen.", gähnte Gorga die Wassermelone.

Doch als Gorga die Tür öffnete, stand Marla bereits davor und rief: "Ich bin bereit! Bist du bereit? Ich bin bereit. Jederzeit!"

"Für was denn bereit?", fragte Gorga.

"Für den heutigen Tag natürlich!", antwortete Marla. Doch bevor Marla den nächsten Satz anfangen konnte, knallte Gorga die Tür zu und schmiss sich wieder in ihr Bett.

Marla klopfte an der Tür und erhoffte sich eine Antwort. Doch Gorga rief nur genervt: "Warte noch ne halbe Stunde!"

Doch erst nach einer halben Minute, stürmte Marla in Gorgas Zimmer.

"Ne halbe Stunde und nicht ne halbe Minute, du Depp!", schrie Gorga empört.

"Ich weiß, aber ich lass mir das nicht mehr gefallen", widerrief Marla während sie grinste.

"Ohh, na gut!", flüsterte Gorga.

"Warum flüsterst du?", wollte Mala wissen.

"Nur damit du fragst", grinste Gorga.Mala starrte Gorga böse an und sobald Gorga sie sah, hörte sie auf zu grinsen. Doch als die zwei grade durch die Küche gingen, um ins Wohnzimmer zu gelangen, sahen sie ein mittelgroßes Feuer vor sich brennen.

"Was hast du in diesen 30 Sekunden nur gemacht?", schrie Gorga.

"Naja, ich wollte grillen", antwortete Mala.
"Ich habe das Gefühl da kommt noch was", sagte Gorga.
"Im Backofen", antwortete Mala.
"Warum denn im Backoffen?,"fragte Gorga mit genervter Stimme.
"Du sagst das sonst immer sauer, aber dieses mal nicht - wieso?", wollte Mala wissen.
"Weil ich mir das schon gedacht habe", sagte Gorga.
"Und was ist jetzt mit dem Feuer? Ich habe das Gefühl, es wird immer größer und größer?", schrie Gorga verängstigt. Mala bildete mit Wasser und Seife Schaum, nahm ihn und schmiss ihn auf das Feuer.
"Das geht so nicht", sagte Gorga.
"Warte ab", entgegnete Mala.

Doch Gorga wollte nicht, dass die Küche abfackelt. Deshalb nahm sie einen Eimer Wasser und löschte das Wasser. Gorga konnte das nicht mehr und beschloss zu flüchten. Am nächsten Tag packte Gorga ihre Sachen und zog in ihr eigenes Haus. Ein paar Tage später sagte Gorga:
"Ich vermisse Mala ein bisschen", und das war Malas Stichwort. Sie kam grinsend aus dem Schrank und sagte: "Ich dich auch."
"Was machst du denn hier?", schrie Gorga.

Und so ging es weiter und Gorga zog zurück.

Ende

Die Flucht vor dem großen Dino

von Leonie Battermann

Es war einmal ein kleiner Dino. Er war der kleinste Dino von allen. Er hatte keine Freunde, aber seine Mutter sagte: "Du kriegst noch Freunde." Der kleine Dino namens Linos lief weinend auf den Vulkan und sprach zu sich selber: "Ich finde keine Freunde."

Die Mutter sagte zum Papa von Linos: "Wo ist Linos??" "Ich weiß es nicht", sagte der Papa. "Wir müssen ihn finden", sagte die große Schwester von Linos namens Marie. Marie und Linos streiten auch öfters, deswegen ist Linos auch immer traurig.

Auf einmal hörte Linos etwas und lief zurück zu seinem Dorf, doch er fand niemanden. Ihm fiel ein, dass die anderen geflüchtet waren. Das Ungeheuer kam immer und immer näher. Linos bekam immer mehr Angst. Das Ungeheuer stand vor ihm und weinte, aber das Ungeheuer ist ein Dino und heißt Dragon. Dragon fragte: "Linos, kannst du mir helfen? Ich habe Fußschmerzen. Und wie heißt du eigentlich?" "Linos heiße ich." "Ok", sagte Dragon. Linos fragte: "Wie heißt du?" "Ich heiße Dragon." "Schöner Name", sagte Linos, "ich gucke jetzt nach deinem Fuß." Linos half gerne. "Oh, da bist du wohl in ein Stück Glas gelaufen." "Au, au, auuu, das tut weh!" "Das glaub ich dir. Wollen wir Freunde sein?" "Ja, bitte!" Linos: "Ja!" Dragon: "Ich finde das doof, dass alle vor mir flüchten. Die haben Angst vor mir." "Warum? Weil du so groß und stark bist! Ach so! Komm, wir suchen die anderen." "Ok", sagte Dragon.

Sie gingen los und suchten sie und haben alle Dinos gefunden. Linos lief seiner Familie glücklich in den Arm. Jetzt leben alle Dinos in ihrem Dorf mit Dragon, und Linos hat viele Freunde gefunden.

Aber Dragon ist sein bester Freund!

Ende

von Jad Razaz

Bevor ich euch meine Geschichte erzähle, möchte ich, dass ihr mich ein bisschen besser kennen-lernt. Mein Name ist Jad Razaz, ich habe drei weitere Geschwister und wurde am 10.10.2010 in Saraqib, Syrien geboren. Im Dezember 2015 bin ich mit meiner Familie aufgrund des Krieges in Syrien nach Deutschland geflüchtet. Ich bin also ein syrischer Flüchtling. Mein Geburtsort liegt im Nordwesten von Syrien und heißt Saraqib. Er ist auf der Karte mit dem roten Pfeil gekennzeichnet.

Syrien liegt heute zwar größtenteils in Schutt und Asche, dies war aber nicht immer so. Vor dem Krieg gab es in Syrien sogar, wegen der antiken Gebäude, viel Tourismus. Der

Krieg fing im Süden im Jahre 2011 an, aber unsere Stadt spürte es etwas später richtig. Das Ganze ging mit Demonstrationen der Bürger, die Freiheit forderten, gegen die Regierung los. Die Regierung reagierte mit Gewalt gegenüber den Demonstranten. Ich möchte euch das Ganze nicht näher erklären, da ich euch keine Angst machen möchte.

Also spulen wir vor bis zu dem Zeitpunkt, an dem meine Eltern beschlossen hatten, mit uns nach Deutschland zu gehen und nicht mehr zurückzukommen. Für meine Eltern war der Abschied sehr schwer, da unsere meisten Verwandten sich dies nicht leisten konnten und manche auch körperlich nicht dazu fähig waren. Ihr müsst noch wissen, dass das, was ich euch erzähle, nicht nur von mir stammt. Ich konnte mich nicht an alle Details erinnern und habe deshalb meine Familie gefragt. Dann ging es los.

Am Anfang sind wir in die Türkei gefahren nach lzmir, diese Stadt liegt an der türkischen Westküste. Mit dem Schlauchboot ging es dann nach Griechenland. Die Fahrt war mitten in der Nacht, und man durfte kein Licht anmachen, damit die Polizei uns nicht bemerkt. Außerdem waren Leute zusammengequetscht und haben sich so gegenseitig weh getan. So hat ein Mann sich auf meinen Fuß gesetzt und ihn beinahe zerquetscht. Es war sehr kalt. Dann passierte etwas, was unsere Herzen stehen bleiben ließ. Der Motor ist mitten zwischen Griechenland und der Türkei stehengeblieben. Alle sind in Panik geraten, und wir haben versucht, die Polizei zu erreichen, auch wenn dies bedeutet hätte, ins Gefängnis zu gehen, Hauptsache man überlebt. Wir haben niemanden erreicht. lrgendwann gegen Morgendämmerung wurden wir an Land einer griechischen Insel gespült. Von da aus ging es (ohne Schlaf) nach Athen, wir waren nicht alleine. In Athen angekommen, mussten wir unsere Pässe zeigen und unsere

Fingerabdrücke eingeben. An diesem Tag schliefen wir in einer riesigen Halle auf kaltem nackten Boden Es war sehr kalt, und wir hatten nur zwei dünne Decken für uns alle sechs.

Dann ging es mit dem Zug nach Mazedonien. Der Zug war natürlich nicht so wie die Züge hier. Er war sehr dreckig und überfüllt, überall waren Leute, ob zusammengequetscht auf den Sitzen oder auf dem Boden. In Mazedonien angekommen, setzten wir unsere Reise nach Serbien fort. Ich erinnere mich nur noch daran, wie wir mitten in der Nacht durch einen düsteren Wald mit nassem Boden und vielen kleinen Sümpfen sieben Kilometer zur serbischen Grenze zu Fuß gegangen sind. Ab Serbien ging die Reise schneller. Wir sind von dem einen Reisebus in den anderen gestiegen, haben dort gegessen und geschlafen. So ging es weiter von Serbien nach Kroatien, von Kroatien nach Slowenien, von Slowenien nach Österreich und von Österreich nach Bayern, Deutschland.

In Bayern blieben wir circa einen Tag. Dann wurden wir nach Uelzen (eine Stadt im Norden von Niedersachsen) in ein Flüchtlingsheim verlegt. Die Zeit dort war ganz schön. Wir hatten ein Zimmer mit drei Hochbetten und einem Waschbecken. Man hat immer in der Mensa gegessen, und es gab eine Schule, einen Kindergarten und eine Schule, wo die Erwachsenen Deutsch gelernt haben.

Unsere Flucht von Izmir nach Bayern hat insgesamt ungefähr zwei Wochen gedauert. Außerdem ist sie im Vergleich zu allen Fluchten sehr angenehm gewesen. Meine Familie und ich sind Deutschland und den Deutschen sehr sehr dankbar, da sie uns die Chance gegeben haben, ein sicheres Leben zu führen und etwas daraus zu machen. Deshalb geben wir uns alle viel Mühe in der Schule, um den Deutschen zu beweisen, dass wir auch diese Chance so weit es geht nutzen. Ich war fünf Jahre alt, als wir hier ankamen. Ich habe nicht so viel bewusst vom Krieg mitbekommen, aber unterbewusst sehr viel. Ich werde heute noch in den Nächten von Albträumen aus der Zeit verfolgt.

DANKE AN ALLE, DIE ZUGEHÖRT HABEN.

Hier noch mal die Route, wenn ihr euch das anschauen möchtet und unseren Weg ab Griechenland sehen wollt:

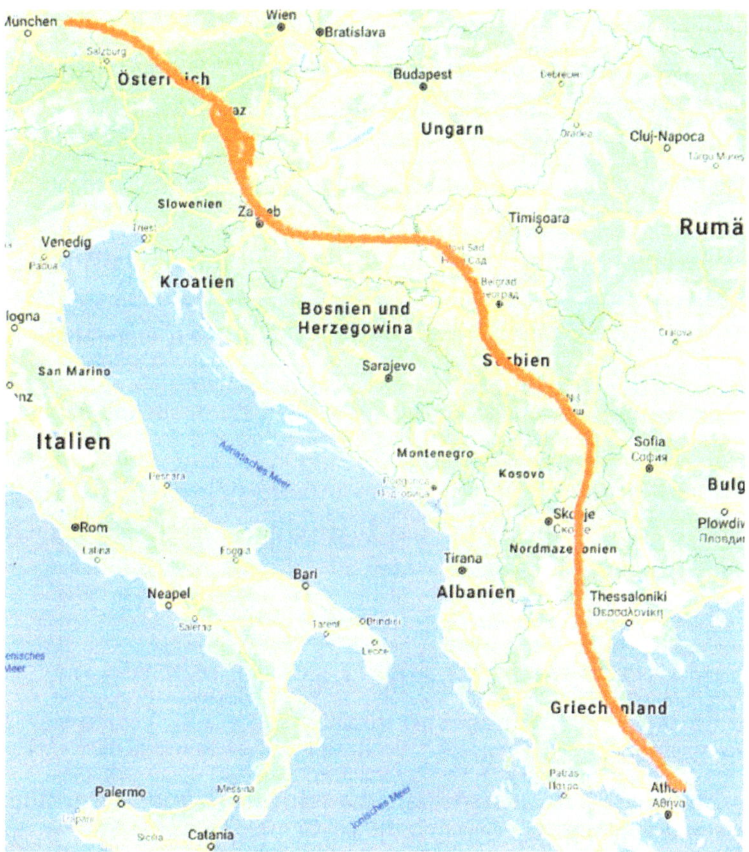

von Jason Hoeckberg

Der Stock flüchtet vor dem Blatt, weil das Blatt sauer ist.

Nach einer Zeit will der Stock nicht mehr flüchten.

Der Stock versteckte sich, dann ging der Stock weg. Und baute - bis er schließlich fertig war - seine Festung.

Als er fertig war, wollte der Stock das Blatt suchen, aber er konnte das Blatt nicht finden. Danach ging er zurück und wartete bis das Blatt kam.

Es war Abend und das Blatt hatte die Festung entdeckt, aber der Stock hatte das Blatt noch nicht entdeckt.

Als es wieder Tag war, hatte der Stock nach einer Zeit das Blatt entdeckt, dann hat er zu dem Blatt gesagt:

Jetzt ist Krieg.

Das Blatt sagte: Okay, mach dich auf alles gefasst! Jetzt geht es los!

Das Blatt ist schnell weggelaufen. Als es weit weggelaufen war, plante es, sich auch eine Festung zu bauen.

Es baute lange und war fertig.

Die Festung war fertig, dann musste sich das Blatt Truppen holen. Dann plante das Blatt einen Angriff. Es fragte: Hat jemand einen Plan?

Jemand sagte: Ich!

In der Zeit - was passiert bei dem Stock?

Er plante auch einen Angriff ...

Das Blatt hatte einen Plan. Es schickte Truppen los, und in der Zeit hat der Stock auch einen Plan gehabt.

Die Truppen des Blattes hatten die Festung erreicht.

Gerade, als der Stock seine Truppen losschicken wollte, dann als die Truppen losgeschickt wurden vom Stock, hatten die Truppen des Blattes die Katapulte rausgeholt. Dann schossen sie, und dann schossen auch die Truppen des Stockes.

Die Truppen des Blattes hatten die Tür der Festung des Stockes durchdrungen und griffen an.

Aber die Truppen des Blattes hatten verloren.

Dann schossen sich beide Festungen an und wurden beide zerstört.

Und so hatte das Blatt wieder den Stock gejagt.

von
Josephiene Gehrke

Die Puppe

Gute Nacht Ich schlif ein Gute Nacht schlaf schön

Ich habe in meinen traum

einen Mann gesen der puppen machen so nanten in alle er stant an einer Mültone und schmis eine puppe in die Mültone.

Allz er welk wahr ging ich zuhr multone und hollte die puppe die ich Anna genant habe aus den Müll allz ich nach hase kam ging ich schnurstraks in mein zimmer und fing an mit Anna zu spilen.

Meine Mutter bemerkte das ich die puppe gefunden hatte sie fragte woher hast du die puppe her ich sagte das ich sie im Müll gefunden habe Mama war zwahr nicht so begeistert aber sie wollt mir die Puppe auch nicht wegnemmen. Ich fragete in meinen traum warum mama nicht so gluklich wahr? Mama meinte halt weiel sie aus den müll kommt

Am Nächsten tag/. Schau Mama ich gehe zur schule wasr. Mama aber nicht wurste das ich die Puppe Anner mit narm alz ich in der Schulle ankam zeigte ich vollerstoltz meinen freunden die puppe Mia Meine Berste freundin war so begeistert waut die ist aber schön oh ich hätt gerne auch so eine puppe Meint Mia Jenni sagte sie ist so neidich weid sie nicht so eine puppe hatte.

Doch auch die jungs haben dafon mitgenomen ergesagt die fiser jungs sie ergerten mich imer und auch meine Freundinin wurden auch immer gergert von in

Der eine junge er is Jimm er riss mir die puppe aus der hant ich sagte im das er die puppe loss lasseh sofort! Mia meinte hört auf dan kamm die lererin Frau Meier sagte unz das wir aufhören sollen und das Jimm mir die puppe wider geben und ich habe sofort die puppe in meinen rucksak.

Allz ich zu hause wahr wahr ich saher ich nahm die puppe und schmis sie gegen die want blöde puppe deinet wegen ergern mich die Junge jetzt. Auher ich erschrag Die Puppe schprach das tat weh und auserdem lass die wutf nicht an mir aus war wie wer aaah hei ich bin es doch nuhr die puppe sie erzelte mir wie der junge nie wieder herkom wird also hör gut zu. Uh das ist ein guter plan.

Am nechsten targ Spilte in der pause ich mit in der puppe, Simm nahm mir die puppe weg und ich schrie jetzt! Aanna sagte buh Simm erschrag und Rante weg er Rante und Rante er ferstegte sich vor der puppe aber sie fant in er fluchtete die puppe sagte ich werde in so lang ferfolgen bis er Stirbt ich sagte das wahr nicht die afmachung die puppe sagte tjahr dan tut es mir leit sie fing an mich zu jarger die puppe jagte mich über al hin sie fant mich so schnel und ich rante und rante aber sie fant mich imer und dan höre ste auf sagte die puppe.

Es wahr alles nur ein traum bin ich froh ich erzälte
mama von den traum. Mama meinte naja
da hat woll jemant zu fil gruselfilme
gesehen Ende

Ende

von Mohammad Diaa

Es war eine Affengruppe. Diese Gruppe sind zehn Affen. Sie haben zwei Probleme. Das erste Problem ist, dass sie gar keinen sicheren Platz haben, wo sie vor den anderen Tieren geschützt sind, und das andere Problem ist, dass alle Menschen Müll in die Wälder schmeißen.

Der Affenführer sagt: "Morgen gehen wir alle einen sicheren Platz finden." Sagt einer von der Gruppe: "Sollen wir diesen Platz verlassen?" Sagt der Anführer: "Ja, weil dann kommen die anderen Tiere zu uns, um uns zu fressen." Dann ging die ganze Gruppe weg, um einen sicheren Platz zu finden. Dann fanden sie eine andere Gruppe mit Affen, aber sie sind Gorillas. Der Anführer der Gorillas sagt, dass sie dort nur drei Tage bleiben sollen.

Zwei Tage sind vergangen, und dann riecht ein Tiger die große Affengruppe. Er sagt das seiner Gruppe, und alle haben Hunger. Die fünf Tiger kreisen die Affen ein.

Sie sagen: "Nicht schnell wegrennen, sonst fressen wir euch."

Auf einmal fing es zu regnen an. Es regnete so stark, dass die Tiger nichts mehr sehen konnten. Dann kletterten die Affen so schnell auf die Bäume, dass die Tiger sie nicht sehen konnten. Nach zehn Minuten gingen die Tiger weg, und die Affen waren in Sicherheit. Die Affengruppe sucht einen neuen Platz, aber die Gorillas bleiben an ihrem Ort.

Flucht aus dem Wald

von Marlon Eiselt

Die Geschichte beginnt mit drei guten Freunden: Marlon, Jannik und Tjark. Die drei Jungs waren auf dem Spielplatz, und Jannik hatte plötzlich die Idee, dass sie doch zelten könnten.

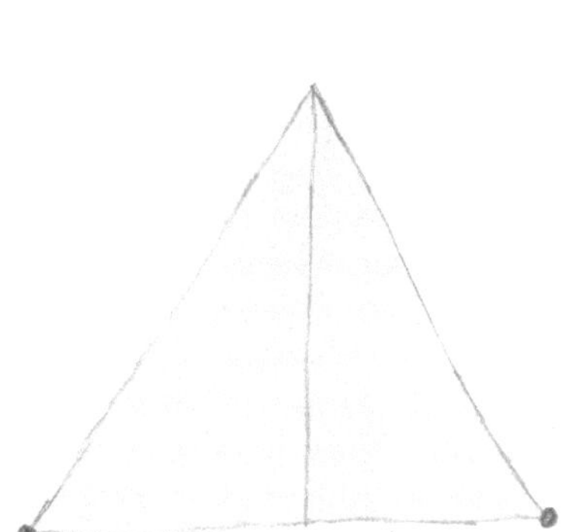

Marlon und Tjark waren begeistert, doch sagten sie: "Das erlauben unsere Eltern nie." Doch auch dafür hatte Jannik einen Plan. "Was haltet ihr davon, wenn ihr sagt, ihr schlaft bei mir, und ich sage, ich schlafe bei Marlon?" Die drei Jungs hielten das für eine gute Idee. Sie gingen nach Hause und fragten. Die Eltern hatten keine Einwände und erlaubten es.

Marlon ging heimlich in den Keller, holte ein Zelt, sagte seinen Eltern "Tschüss" und ging zum Spielplatz. Ein wenig später kamen auch Jannik und Tjark. Sie gingen zusammen zum Wald. Sie bauten das Zelt auf und freuten sich riesig.

Nun wurde es langsam dunkel, und die drei fragten sich, ob es wirklich eine gute Idee war. Es wurde immer dunkler und die Geräusche immer gruseliger. Marlon, Tjark und Jannik bekamen große Angst und beschlossen, die

zu ergreifen. Sie liefen nach Hause; und da warteten schon die Eltern. Die drei bekamen einen Riesenärger! Marlon, Jannik und Tjark entschuldigten sich und beschlossen, so einen Mist nie wieder zu machen.

TIMI HATTE ANGST VOR SEINEM SCHATTEN

von Justin Hoeckberg

Am Tag war es sonnig und Timi hatte Angst vor seinem Schatten und wenn er seinen Schatten sieht, hatte er Angst und er rannte und end

Die Erpressung

von Elham & Marilena

Tagebuch am 26.7.2016

Hallo, Mein Name ist Zelina, ich bin 14 und komme aus Kreuzburg. Heute ist mein Geburtstag aber ich musste trotzdem in die Schule. Ich quälte mich aus dem Bett und zog mich um, als plötzlich mein kleiner Bruder Benn herein stürmte. Zum Glück war ich schon umgezogen. Ich ging nach unten, um zu frühstücken. Meine Mutter begrüßte mich mit einem "Zalom". Ich antwortete zurück. Nachdem ich zu Ende gefrühstückt hatte, packte ich meine Tasche und ging zur Schule. Nach einem langweiligen Schultag ging ich zurück nach Hause. Als plötzlich ein fremder Mann vor mir stand. Er hatte mich vor der Schule belauscht. Er musste mich einmal, aus dem Fenster, als ich die Unterschrift meiner Mutter gefälscht habe, beobachtet haben, denn er sagte: manno 100 Euro pische inno darach biddieyoa ma migom to as momon as to itzie badt kadiee. Ich bekam Panik und wollte flüchten, doch ich war wie gelähmt. Er sagte noch: Poliz sang nasan. Ich antwortete: "cho" Und wurde blass. Ich rannte und rannte, bis Ich auf meine beste Freundin traf. Sie wusste, dass ich keinen Sport machte, deswegen kam es ihr komisch vor, dass ich angerannt kam. Ich erzählte ihr alles. Ich wusste immer, wie viel Geld ich im Sparschwein hatte und ich hatte nur 40€. Dann hatte meine Freundin eine Idee: Wir backten etwas. Ich holte mein Kochbuch und wir backten bei meiner Freundin. Sie fragte: "Ist das nicht ein bisschen viel?" Wir fingen trotzdem an. Meine beste Freundin, die übrigens Emma hieß, heizte den Ofen vor, während ich den Teig vorbereitete. Sie half mir mit dem

Verteilen auf den Blechen. Nach 3 Stunden war 18 Uhr und wir waren endlich fertig. Der nächste Tag war Samstag und wir fingen sofort damit an aufzubauen und zu verkaufen. Wir hatten 15 Bleche gebacken und auf jedem lagen 20 Leckereien. Nach 5 Stunden waren 10 der 15 Bleche verkauft. Wir waren sehr fleißig und hatten 400€ bekommen. Ich war fröhlich, denn nun konnte das bezahlen. Emma und ich liefen zurück zu mir, packten 100€ ein und stellten die Tasche hinter den Baum auf den der Mann gezeigt hatte. Um Mitternacht schlich der Mann zum Baum und schaute dahinter, als plötzlich die Polizei anrückte. Meine Freundin hatte ganz heimlich die Polizei angerufen, und den Ort genannt zu dem die Polizei sollte. Als ich am nächsten Morgen aufwachte, war es Sonntag und mein kleiner Bruder Benn hatte leider leider heute Geburtstag! Ich zog mich ganz leise um, lief auf Zehnspitzen zur Tür von Benn, ich machte sie auf, schlich zu meinem Bruder und zog ihm die Decke weg. Ich sagte: "Guten morgen Schlafmütze, du hast heute Geburtstag und wirst 7!" Benn antwortete: "Du bist gemein" Ich antwortete: "Zieh dich an"! In der Woche darauf stand in der Zeitung, dass der Mann der mich erpresst hat, ein Geständnis abgelegt hat. Endlich war es vorbei.

Ende

7 DIE BESTEN FREUNDE

von Fatima Mustafa & Hannah Rieske

ABHAUEN DER ELTERN INS WELTALL

Die beiden Freundinnen Fatima und Hannah füttern grade die 5 Tiere. Sie heißen Luck, Fee, James, Sina und Kicki. In dem Moment kommen die Eltern rein, sie sagen, dass die Tiere zu viel Futter verbrauchen, deshalb verkaufen sie sie in 5 Tagen. Hannah und Fatima schmieden einen Plan. Nach einiger Zeit klauen sie das Portmonee von dem Vater und packen den Rucksack. Sie nehmen Futter, Schlafsäcke, eine Tüte Wasser und einen Sattel mit. Fatima schleicht sich aus dem Fenster mit Hannah und die Tiere schleichen in den Garten zum Treffpunkt. 1 Stunde später haben wir uns im Wald verlaufen und dann ist die Sonne untergegangen. Wir machen ein Lagerfeuer und gehen schlafen. Am nächsten Morgen machen wir uns auf den Weg. Wir treffen unsere Tante. Wir sagten ihr die ganze Geschichte. Und wir kamen zu ihr nachhause sie hat einen großen Stall. James, das Pferd, rannte zu den anderen Pferden. Und die Tiere hatten sich wohlgefühlt. Wir hatten das ganze Geld unserer Tante gegeben. Unsere Tante hatte nicht so viele Räume. Deshalb müssen wir zelten gehen. Unsere Tante gibt uns eine grüne Jacke und eine blau graue Mütze mit. Am morgen hat unsere Tante Neuigkeiten, nämlich sie hat uns ein Haus am Bauernhof gekauft. Wir ziehen sofort ein und Leben jetzt darin.

the cool animal and Fatima, Hannah.
an cool story. with five animals a hamster, fox, fish, cat and a horse. a lot of fun ~~many many fun~~. your Fatima and Hannah

Hannah
Fatima

Der Streit zwischen der Prinzessin & dem Bösen Zauberer

von Angelina & Alicia

Es war einmal eine Prinzessin, sie wohnte mit ihren Eltern in einer Burg. Sie flüchtet… und dann hat sie ein Zauberer gefunden, hatte sie 3 Tage eingesperrt im Keller, ohne Essen ohne Trinken und dann kam eine Fledermaus, sie hat es der Prinzessin gegeben, da stand

"Hey, wir haben dich extra flüchten gelassen, damit wir uns nicht mehr um dich kümmern müssen. HAHAHAH …

deine Eltern!"

Sie wurde ganz traurig und hat angefangen zu weinen. Der Böse Zauberer hat es mitbekommen. Der Zauberer hat den Brief gelesen… Sie hat ihm richtig leid getan. Er hat sich Gedanken gemacht, ob er sie frei lassen soll. Nun hat er die Entscheidung getroffen und sie frei gelassen. Sie hat sich draußen sehr wohl gefühlt. Sie hat sofort einen Prinzen gefunden, nun haben sie glücklich in einer Burg geheiratet, und haben Kinder bekommen, sie wohnten glücklich bis zum Tod.

Hallo, ich bin Tom. Ich habe einen tierischen Freund und zwar, einen Bären. Ich nenne ihn Ben.

Es fing so an.

"Papa wo ist die Milch!?"
"Kuck in den Kühlschrank!"
Da ist sie nicht. Ich gehe welche kaufen. Weiß du was, ich gehe mal wandern. Oh ein Schild. Bärengefahr! Ääääääääää? Schnell hier weg!

BBBBRRR

Oh, ein Bär, er verfolgt mich! Ich sehe ihn nicht. Haha, Hör auf! Aaaaa, wieso frisst du mich nicht?

Ich glaube, ich nenne dich Ben.

Team: Das Duo - die Flucht

von Feysel und Lias

Folge 1: Der Plan - Ausbruch aus dem Gefängnis

Es war 1:00 Uhr nachts, Max, Rio und Lars planten, wer ihr nächstes Opfer wird: die naivsten Menschen fand man in den sozialen Medien, also haben sie da angefangen. Sie haben einen gefunden, aber blöderweise war es ein Polizist.

Der Polizist ist zur Adresse gegangen, weil er es gemerkt hat. Er hat eine Streife bestellt, sie haben die Tür eingetreten.

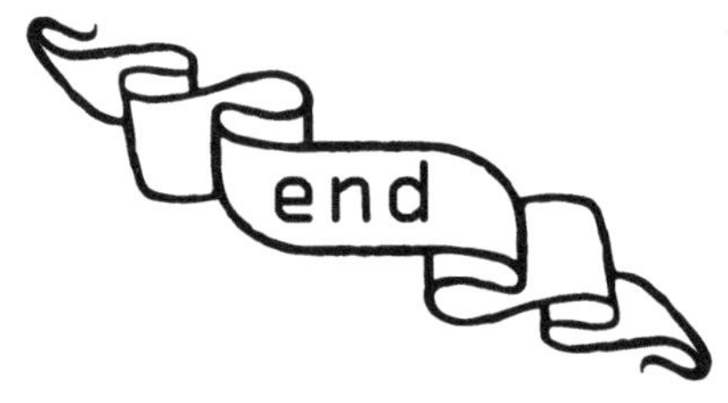

Lars

Max

Hey

Max

Rio

Loser

Rio

Strafe bitte

Hey das

Der Krieg des Meeres

von Matti und Eraldo

Kapitel 1

Es war ein mal ein Hai. Dieser Hai lebte in den australischen Gewässern. Er lebte ganz friedlich. Doch dann kam ein Offizier zum Hai. Er sagte: "Komm in die Army." Der Hai fragte: "In welche Army?"

Der Offizier antwortete darauf: "Natürlich in die "Shark Army!" Der Hai fragte: "Was ist das?" Der Offizier sagte: "Komm einfach mit."

Der Hai folgte ihm. Hier sind deine Kollegen. Dein erster Kollege heißt Jeff. Der 2. heißt Bob. Der 3. heißt Mike. Und der 4. heißt Lio. Der letzte heißt Like. Folgt mir zum Training. 22 Wochen lang Basic-training. Schafft ihr es, kommt ihr in die "Shark Army!" Schafft ihr es nicht, dann geht nach Hause.

22 Wochen später... So Mike, Like, Jeff und Bob haben es geschafft. Es tut mir leid, Lio, aber du musst nach Hause. Der Rest sind Soldaten und damit in der "Shark army!"

Jetzt los in den Indischen Ozean. Da ist unser 1. Krieg und das erste Jahr. Los Los Los!!! KOMM LOS!

1 Monat später...

Attacke! Wir werden gewinnen gegen die "Fishi Army" 1 Jahr später... Wir haben gewonnen!!! Wir werden feiern. Uns so feierten sie, doch es war noch lange nicht vorbei. Ihr 2. Angriff geht auf Amerika.

Kapitel 2

Nachdem sie gefeiert haben, marschierten sie nach Afrika. Es würde ein sehr schneller Krieg sein, der 1. Jahr dauern würde. Sie legten los. Als sie sie sahen dachten sie: "Geh du Hai" Sie sagten: "Attacke!!!" Sie attackierten so stark wie sie nur konnten, aber… Es waren erst 11 Monate vergangen, sie hatten noch nicht mal die Hälfte. Aber sie zogen durch und haben gewonnen. Sie feierten noch mehr, aber hatten noch 1 Jahr zu kämpfen.

Kapitel 3

Sie marschierten nach Finnland. Der letzte Krieg und das letzte Jahr. Sie marschierten nach Island und… Attacke!!! Sie attackierten. Die ersten 11 Monate vergingen im Flug. Jeder hatte die Hälfte verloren. Dann… die letzte Chance für sie. Sie attackierten mir Allem was sie haben und SIE HABEN GEWONNEN! Sie sagten alle tschüss und gingen nach Hause.

Der Hai über den erzählt wurde, hieß Flo. Sie feierten alleine als sie nach hause gingen. Alles ist gut.

DER SUPERHELD

von Nico

Es war einmal ein Superheld. der hieß Tom. Eines Tages raste ein Jet in der Luft und ein PKW. Der Superheld fragte sich, was das denn zu bedeuten hatte. Er dachte sich, ich fahre mal hinterher. Als er hinterher fuhr, hörte er einen Knall, ein großer Felsbrocken stürzte den Berg hinunter. Der Superheld sprang aus dem Auto und hielt ihn mit seiner Superkraft. Da schoss der Jet auf den Superheld zu, der sprang hoch, kletterte ins Cockpit und schmiss den Mensch raus und zog den Jet nach oben.

Am nächsten Morgen stand Tom auf und kuckte ob alles gut ist, da schoss ein Roboter auf die Stadt zu. Der Superheld sprang in seinen Jet und schoss auf den Roboter. Er schoss 2 Raketen auf den Roboter, der wehrte die ab und schossen auf den Jet zu. Der Superheld zog den Jet nach oben und sprang auf den Roboter, kletterte die Leiter runter und stellte alles ab. Da kam ein Mensch, das war der Gleiche, der im Jet saß. Der Superheld schoss auf den Mensch Eis und flog nach oben, sprang in den Jet und flog weg. Der Roboter aber stürzte ins Meer, knallte ins Wasser und Explodierte.

Als der Superheld zurückkehrte, sah er, dass das eine Ablenkung war. Hinter der Stadt stand eine Arme von Robotern. Der Superheld erschrak und sprang aus dem Jet, da griffen die Roboter ihn. Der Superheld sprang hoch und schleuderte einen Feuerball. Ein paar der Roboter explodierten. Danach schleuderte er Blitze auf die Roboter und die Roboter

fielen um. Der Rest der Roboter wurden auch erledigt auf einmal kam ein Schiff auf die Stadt zu.
Der Superheld rief seine Kollegen, die in 1 Minute da waren.
Das Schiff kam immer näher und immer näher, dann sprangen Skelette vom Schiff.
Die Superhelden griffen an, aber die Skelette waren stärker.

Dann auf einmal wurde ein riesiger Feuerball auf die Skelette geworfen, einer der Skelette schaute, wer das war. Einer der Superhelden war das. Auf einmal hörten die anderen Superhelden ein Geräusch, da ein Truck kam, da der Superheld sprang in den Truck und gab Vollgas und raste auf die Skelette zu. Die Skelette bekamen Panik und liefen auf das Schiff. Der Superheld feuerte eine Rakete auf das Schiff und explodierte.

Ein Roboter

von Nico

Ein Roboter heißt Mouama
und Mouama heißt rom ama
und ro mama heißt sno kana
und sno kana heißt kro nana
und kronana heißt Wo wama
und Wowama.
Und der Bruder heißt Rom
und Rom heißt ston
und ston heißt Rona
und Rona heißt Krona
und Krona heißt Corona
und Corona heißt rohana.

Der kleine Fisch

von Nico

Es war einmal ein kleiner Fisch. Der hieß Titan. Titan liebte den Ozean. Er lebte in einem Korallenriff, das sehr groß war.

Eines Tages sah er in der Ferne ein Netz, das musste er seinen Eltern sagen. Er sagte: " Kommt schnell mit, es ist ein Notfall." Die Eltern sahen es auch und sagten schnell den anderen Bescheid, die sahen es auch und sagten; "Wir müssen hier weg."

Ein paar Minuten später schwammen sie weg. Ein paar Stunden später sahen sie ein weiteres Korallenriff. Sie riefen: "Hurra" und schwammen hin.

Ende

von Roman Martyanov & Yannik Schinkski

Es war ein schöner Abend in Afrika. Der Elefant badete im See. Dann ging er nach Hause und ist eingeschlafen. Am nächsten Tag wachte er auf und sah viele Mäuse. Er war geschockt und ist ohnmächtig geworden.

Als er zu sich kam, sah er sich um und sah viele Mäuse. Er dachte, dass er träumte, aber dann hat er sich gekniffen und hat gemerkt, dass er nicht geträumt hat und ist um sein Leben gerannt. Der Elefant hat sich hinter einem kleinen Baum versteckt. Die Mäuse rannten ihm immer noch hinterher. Er rannte hinter einen Mini Stein. Der Elefant merkte, dass sie ihn noch sahen und rannte weiter. Da sah er einen Fluss und ist weggeschwommen. Die Mäuse sahen einen Stamm und haben ihn verfolgt. Der Elefant ist aus dem Fluss geschwommen und hat Wasser in seinen Rüssel gesaugt und auf die Mäuse gespritzt und die Mäuse sind runter gefallen. Dann hat der Elefant gemerkt, dass er was auf seinem Rücken hatte: Er hat den Käse den Mäusen gegeben.

DAS ELEFANTENBILD

von Damian und Mohamed

von Ehlas Kashto, Alexandra Manno, Jule Luckner

Die Flucht vor dem Krieg aus Syrien

nach einer wahren Geschichte

Sie mussten o erstes
von Syrien zur Türkei mit
dem Taxi fahren.
In der Türkei
bleben sie ein
Jahr.
Taxi

[illegible] Familie [illegible] von der Türkei [illegible] nach Griechenland [illegible] [illegible]! Sie waren alle froh [illegible] auch traurig, denn Syrien war ihre Heimat

Schweden
Estland
Großbritannien
Lettland
Litauen
Irland
Niederlande
Polen
Deutschland
Luxemburg
Tschechien
Slowakei
Ungarn
Slowenien
Frankreich
Rumänien
Kroatien
Serbien
Italien
Bulgarien
Spanien
Portugal
Griechenland
Malta
Zypern
Syrien
Libanon
Irak
Iran
Jordanien

Sie mussten auch von Bulgarien nach Serbien zu Fuß gehen.
Sie kamen an einem Brunnen vorbei und machten eine Pause. Alle waren durstig und erschöpft.

Und von Serbien nach Deutschland sind sie
mit dem Reisebus gefahren!
Das letzte Ziel war in Sicht

Das ist Ehlas heute!
Ein hübsches Mädchen und 14 Jahre alt.
Ehlas hat viele Freunde gefunden wie
mich und Jule unsere Malerin
dieses Suches.

Ende

Jule
Ehlas
Ich

DIE WELT DER TIERE

von Avant Al Ahmad

Im Wald

An einem Samstagmorgen lag ich noch im Bett. Da hörte ich meine Mutter. Sie sagte: "Max, Frühstück ist fertig." Ich stand dann auf und ging essen. Dann sagte ich: "Mama, darf ich in den Wald gehen?"

"Ja, aber komm wieder früh nach Hause!"

"OK", sagte ich und ging in den Wald.

Im Wald waren überall Tiere. Der Wald war größer als früher. An einem Baum war eine Kiste zu sehen. Ich ging zu der Kiste und machte sie auf, in der Kiste war ein Kristall, der mir bekannt vorkam, das ist der Weltenkristall!.. Über den habe ich neulich was gelesen. Auf einmal erschien mir ein blau-schwarzes Portal! Ich betrat das Portal. Nach meinem dritten Schritt landete ich plötzlich auf dem Boden.

Das Land der Tiere

Als ich auf den Boden fiel, stand vor mir ein riesiger Löwe. Ich bekam Angst, aber der Löwe beruhigte mich, indem er zu mir sagte: "Willkommen in dem Land der magischen Tiere."

"Wow!", sagte ich, "der kennt unsere Sprache." Der Löwe führte weiter: "Wie heißt du mein Junge?"

"Ich bin der Max und wer bist du?"

"Ich bin der Paul", antwortet er brüllend und sagte zu mir: "Hallo Max, in dieser Welt können alle Tiere die menschliche Sprache, komm mit mir, ich bringe dich zu unserem Meister."

Ich ging hinter ihm her, bis wir in einem Zimmer ankamen, wo er mich einsperrte. Im Zimmer lag ein großer Holzstock, ich nahm ihn mit meinen beiden Händen und haute damit gegen die verschlossene Tür, bis sie zusammenbrach. Da standen wir uns Auge in Auge gegenüber mit dem

Löwen und ich rannte auf ihn zu. Ich staunte, als der Löwe vor mir wegrannte.

GUT ODER BÖSE?

Als ich ihn erreichte fragte ich laut: "Warum läufst du von mir weg, Paul? Ich dachte wir sind Freunde?"
"Ich habe Angst vor Menschen", antwortete er mit einer zitternden Stimme. Und er fuhr fort: "Ich wurde von Menschen geschlagen und gefangen gehalten und ich dachte, du wärst einer von ihnen, darum hatte ich Angst gehabt." Mit einer ruhigen Stimme erwiderte ich: "Ich bin kein böser Junge, ich liebe Tiere."

DIE HÜTER DES AMULETTS!!

Nach eine Pause fragte mich Paul: "Was machst du eigentlich hier?" "Ich suche die Hüter des Amuletts", antwortete ich. "Das ist gefährlich", sagte Paul, "langsam geht die Sonne unter und wird schon dunkel."
"Komm, gehen wir jetzt schlafen", sagte ich.
Da kamen komische Laute: "Ooohh...., auuuuuuu.., ahhhh..."
"Paul, was ist das?", fragte ich ängstlich.
"Max, hab keine Angst. Das sind meine Freude: Deniz, der Wolf und da kommt noch der Tiger. Beide sind lieb und die werden uns helfen bei der Suche nach den Hütern des Amuletts"

AUF DER SUCHE

Wir wachten früh auf. Da wir schlecht geschlafen haben, war die Nacht unruhig. Paul, Deniz und Felix aßen Fleisch, während ich meinen Bauch mit Waldfrüchten vollmachte. Und nun mussten wir einen Plan schmieden.. Also wie sieht unser Plan aus?

DER PLAN

Wir sind zum Schluss gekommen, dass wir uns teilen. Paul der Löwe, Deniz der Wolf und Felix der Tiger lenken die Wächter ab und ich schleiche mich in die Hütte und nehme das Amulett. So war unser Plan und das alles in der Dunkelheit. So kann uns niemand sehen.

NACHTS IM WALD

Wir gingen gebückt und hinter den Bäumen versteckt, bis wir an eine Hütte kamen. Davor standen 3 Männer bewaffnet mit Stöckern und mit Messern. Als es dunkel war, setzten wir unseren Plan um. Deniz, Felix und Paul machten auf sich aufmerksam, dadurch waren die Wächter der Hüte abgelenkt und ließen die Hütte unbewacht. Ich schlich mich hin, gebückt bis ich an die Tür der Hütte kam, gewaltsam öffnete ich sie.

AMULETT ERGREIFEN

Ich sah das Amulett auf einer Truhe. Ich lief hin, griff nach dem Amulett und lief hinaus, direkt dahin, wo ich mich mit meinen Freunden verabredet hatte, da haben sie schon auf mich gewartet.

"**Hurraaaa**", rief ich ihnen zu, "ich habe das Amulett." Wir hüpften und sangen und brüllten vor Freude und das war an meinem Geburtstag und meine Freunde haben mir zum Geburtstag gratuliert und jeder von ihnen hat mir was geschenkt.

Siegfeier

Wir feierten bis spät in die Nacht unseren Sieg und meinen Geburtstag mit Tanz und Gesang.
Müde und erschöpft schliefen wir auf dem Waldboden ein.
"Guten Morgen Felix!
"Guten Morgen Paul, Guten Morgen Deniz", sagte ich.
"Guten Morgen Max", erwiderten meine drei Freude wie mit einer Stimme.
"Ihr seid die besten Freunde. Gemeinsam haben wir unsere Aufgaben erfüllt und konnten unseren Teamgeist beweisen!"

Zurück zur Erde

"Jetzt nehme ich euch zuerst mit nach Hause, da könnt ihr meine Familie kennen lernen."
Gemeinsam sind wir zu der Hütte gegangen, da wo wir uns zum ersten Mal begegneten.
"Bei 3 springen wir aus dem Portal raus,

❶

und ❷

und ❸,

jetzt."

Und wir fielen auf die harte Erde.
"AUA! Leute, ich habe mir wehgetan!"

Aber ich ließ das Amulett nicht aus der Hand. Meine Freunde haben sich um mich Sorgen gemacht. Deniz hat meine Wunden mit seiner rauhen Zunge massiert. So konnte ich schnell wieder aufstehen.

ZURÜCK ZU HAUSE

Mein Papa, meine Mama und meine kleine Schwester waren Sehr Glücklich mich gesund wieder zusehen. Meine Mutter fragte mich verdutzt: "Wer sind die Wilden Tiere, die hinter dir sind?"

Stolz stellte ich vor: "Der Löwe ist Paul mein Freund. Der Wolf ist Deniz mein Freund. Der Tiger ist Felix auch mein Freund.

Meine Kleine Schwester fragte mich: "Was hast du in dein Hand? Ist das eine Geschenk für mich?

"Ja", sagte ich, "das ist ein Zauberamulett, damit kannst du alle Tiere, die in Not sind, retten.

Meine Vater fragte: "Was können wir mit deinen Freuden machen? Unsere Wohnung ist klein."

Deniz kreischte: "Wir gehen wieder in Wald zurück." Paul brüllte: "Da fühlen wir uns am wohlsten". Felix jaulte: "Der Wald ist unser Zuhause."

DER ABSCHIED

Meine Familie und ich begleiteten Paul, Felix und Deniz bis zum Waldrand. Der Abschied war schmerzlich. Paul, Deniz und Felix sagten wie mit einer Stimme: "Wir sehen uns bestimmt bald wieder."

Killer-Alarm

von Altin Burniki & Monsif Asqiriba

An einem Samstagabend gingen meine Eltern ins Kino. Als sie sich von uns verabschiedeten, wollten mein Bruder und ich gegen 2:00 Uhr Mitternacht einen Horrorfilm ansehen.

Dann beschlossen wir genau um 3:00 Uhr den überfüllten Müll rauszubringen. Plötzlich hörten wir ein lautes, heulendes Geräusch, "die Sirene". Ängstlich rannten wir ins Haus zurück und wollten vor lauter Aufregung unsere Eltern rufen. Doch schlagartig fiel uns ein, dass unsere Eltern heute nicht da waren.

Es klingelte an der Tür, ich machte die Tür vorsichtig auf und fand einen USB Stick auf den Boden liegen. Mit schlotternden Knien, kniete ich mich hin und griff nach den USB Stick. Es war stockdunkel und es dämmerte. Ich rief zu meinem Bruder: "Hol die Taschenlampe! Denn ich sehe nichts." Er flüsterte: "Ich habe Angst, lass uns lieber Papa und Mama anrufen."

Gleich darauf schlichen wir uns zum Telefon hin. Auf einmal leuchteten zwei rote Augen und eine wütende Stimme ließ uns erstarren. Nun fand ich die Taschenlampe und knipste sie an.

Überraschenderweise enttarnten sich die zwei Augen zu rotleuchtenden Telefontasten, die die Mailbox abspielte, denn die wütende Stimme schien von Papa zu sein.

Papa fragte verärgert: "Hallo ihr beiden, ist alles in Ordnung? Die Nachbarin hat mich angerufen. Als ihr den Müll rausgebracht habt, seid ihr gegen den DVD Player gestoßen, so dass das Gerät ein lautes und heulendes Geräusch, das wie eine Sirene klang, abgespielt hat".

Erleichtert seufzte ich auf. Da hat wohl das Nachbarskind, Finn, geklingelt und den USB Stick vor unserer Haustür hingelegt, weil er uns einen Schrecken einjagen wollte. Wahrscheinlich wollte er sich an uns rächen, da wir ihn mit dem DVD Player geweckt haben.

Diesen Schreck werden wir nie vergessen. Außerdem denke ich, dass wir nie mehr wieder alleine zu Hause bleiben werden. Das war ein unheimliches ERLEBNIS.

Flicka.

ein Freund fürs Leben

von Elisa Bergmann

Der Tag hat bei Polly so angefangen. Sie war ganz normal in der Schule. In der 1. Stunde, hatte sie Sachunterricht. Sie hatten das Thema Meerestiere. Die Klassenlehrerin hatte der Klasse eine Überraschung versprochen. Polly und ihre Klassenkameraden waren sehr aufgeregt als die Lehrerin reinkam. Erst konnte man nichts sehen, weil da ein Tuch drauf war. Als die Lehrerin das Tuch abnahm, erschrak Polly. Da war nämlich ein Delphin in ein kleines Aquarium mit wenig Wasser eingesperrt. Alle Kinder lachten, nur Polly nicht. Sie sah wie unglücklich der Delphin war. Als die letzte Stunde vorbei war und alle Kinder sich auf das Wochenende freuten, blieb Polly im Klassenzimmer mit dem Delphin. Sie überlegte wie sie den Delphin glücklich machen konnte. Plötzlich fiel ihr etwas ein. Sie sprach zum Delphin: "Ich werde dich in die Meere freilassen, nur wie?"

Doch dann knallte die Tür vom Klassenzimmer auf und ein Mädchen kam hinein. Das war ihre beste Freundin Annika. Annika sagte: "Wieso bist du noch hier?" Polly antwortete: "Ich versuche den Delphin glücklich zu machen. Und wie?",fragte Annika.

"Ich mache ihn glücklich indem ich ihn in das Meer zurückbringe."

"Und wie willst du das anstellen?", wollte Annika wissen.

"Das ist ja das Problem, ich weiß es einfach nicht", antwortete Polly.

Doch dann kam Pollys Vater hinein, der sich gewundert hatte, warum Polly nicht zu Hause war. Pollys Vater sagte: "Was machst du den hier?"

"Ich versuche den Delphin in das Meer zurückzubringen." Da hatte der Vater eine Idee.

"Wir nehmen meinen Pullover als Transport. Wir binden meinen Pullover unter den Bauch des Delphins."

"Ach so und dann brauchen wir einen Wagen, wo wir den Delphin reinlegen können." Aber als der Vater von Polly den Delphin berührte, erschrak der Delphin und biss Pollys Vater.

"Aua!", schrie der Vater. Der Vater von Polly sagte: "Er lässt sich nicht anfassen von mir."

"Und bestimmt auch nicht von mir", antwortete Annika.

"O.k., ich versuche den Delphin zu beruhigen."

Und mein Vater band den Pullover unter seinen Bauch. Tatsächlich funktionierte es. Pollys Vater sagte: "Der Delphin mag dich."

"Das glaube ich auch", sagte Polly.

"O.k., jetzt hebe ich ihn hoch", sagte der Vater von Polly.

"Ich hole schnell einen Wagen", sagte Annika. Sie holte einen Mensawagen, der zum Essen transportieren benutzt wurde. Der Vater von Polly hob den Delphin auf den Mensawagen. Sie schoben ihn zum Auto von Pollys Vater. Der Vater von Polly hob den Delphin in sein Auto und schloss den Kofferraum.

Dann fuhren sie an die See. Polly fragte ihren Vater: "Leben auch Delphine in der See?"

"Na klar!", sagte der Vater von Polly.

"Gut, dann müssen wir nämlich nicht zum Meer fahren." "Warum denn nicht?", fragte der Vater von Polly. "Weil wir doch an der Nordsee wohnen." "Stimmt ja!", rief der Vater von Polly. Sie fuhren zu der Nordsee und öffneten den Kofferraum.

Der Delphin freute sich schon, als er das Meerrauschen hörte. Der Vater von Polly hob den Delphin hoch und ließ den Delphin frei. Man sah noch das letzte mal seinen Kopf und dann nicht mehr. Man sah auch, wie er mit einem Schwarm Delphine in Richtung Norden schwamm.

"Ach so und dann müssen wir das dann noch mit der Lehrerin klären. "Keine Sorge, das mache ich schon."

Mira & das Verrückte Leben

BY
Gamze Cos & Emilia Baumgarte

Die (blöde) Schule

Es war Montag, Mira war in der Schule. Ihr Unterricht war blöd. Sie verstand kein Wort, was ihr Mathelehrer sagte und außerdem mochte sie den Lehrer ganz und gar nicht! Er hatte einen furchtbaren Mundgeruch. Ausgerechnet saß Mira in der ersten Reihe. Und deswegen wurde sie immer am meisten drangenommen. Die Stunde war um und alle gingen nach Hause. Sie sang vor sich hin und träumte ein Popstar zu sein. Zu Hause wartete ihre Mutter auf sie. Sie sagte:
"Mira ich muss dir etwas sagen. Ich muss heute Abend los, das heißt du bist alleine zu Hause."
"Ok, muss ich irgendwas machen?", fragte Mira.
"Nein du sollst nichts machen". Die Mutter ging am Abend und Mira war alleine zu Hause. Sie machte sich Abendbrot

und guckte noch ein bisschen TV und ging ins Bett, schließlich hatte sie Morgen Schule. Uff!

Am nächsten Tag war zu Glück kein Matheunterricht. Dafür hatte sie zwei Stunden Englisch. Sie hatte Pause und Mira blieb alleine im Klassenzimmer. Sie träumte wieder, dass sie ein Popstar wäre.

Nach der letzten Stunde ging sie nicht nach Hause, nein, sondern ging zu ihrer AabFdW (Aller aller besten Freundin der Welt) aber sie war nicht zu Hause.

Clarissa

"Was!", schrie Mira, ihre AabFdW hatte sich mit der Oberzicke Clarissa angefreundet! Mira lief nach Hause. Wie konnte das passieren? Bestimmt hatte Clarissa sich bei ihr eingeschleimt. Als sie zuhause war, hatte sie noch eine Menge Schiss vor sich. Sie hatte 3 Wochen Hausarrest. Nur weil sie eine halbe Stunde zu spät zuhause war. Game Over!

Am nächsten Tag ging sie zur Schule. Auf einmal rannte der heißeste Junge in der Schule sie an. Nämlich Johannes (auch genannt Jo). Er meinte, er muss mit mir reden. Mira wurde ganz rot. Aber ihre Freude erlosch wie im Flug.

ER WAR IN CLARISSA VERSCHOSSEN.

Erst meine AabFdW und dann Jo! Ich meinte, dass er sie ansprechen soll und ging weg. Sie traf Maria (AabFdW) und sagte: "Was ist mit euch los, habt ihr eine Clarissa Sucht!" Aber sie antwortete nur: "Hau ab du Looser, ich will nicht mehr mit dir gesehen werden."

Wie bitte was!?!?

Party

Glück gehabt! Mira hatte keinen Hausarrest mehr, weil sie eine eins in Deutsch hat. Yes!

Das heißt, dass sie heute Abend auf eine Party gehen konnte. Sie war auf der Party und sah Clarissa!

"Was machst du hier?"

"Das ist meine Party und du bist nicht eingeladen."

Clarissa ging und Mira ging sich hinsetzen. Dann kam Jo zu ihr und sagte: "Das mit Clarissa war doch nicht so eine gute Idee. Sie meinte ich bin ein Looser und hat sich lustig über mich gemacht. Clarissa mag den heißesten Typen der Schule nicht!"

Und Jo fragte:" Willst du mit mir tanzen?"

Wahre Liebe

Mira wurde ganz rot. Sie stotterte und sagte: "Ja!!!"

Sie tanzten und da sah Clarissa Mira und fing an zu weinen. Was war denn jetzt los?

Auf jeden Fall hatte Mira den Rest des Abends so viel Spaß, dass sie die Sache mit Maria vergessen hatte.

Am nächsten Tag waren die Tussis nicht da. In der 1. Pause ging Miras Klassenlehrer auf sie zu. Was war denn jetzt? Ihr Lehrer sagte, sie solle nach den Tussis suchen.

WIE BITTE!!!!

Sie ging zu Clarissa nach Hause, klingelte aber zuhause war sie nicht. Dann ging sie zur Polizei und fragte, ob sie hier vorbeigekommen sei. Der Polizist sagte: "Nein, aber wir haben ihre Daten. Der Polizist guckte auf ihre Daten und sagte zu Mira: "Ihr Lieblingsort ist bei ihrer Tante in der Villa.

"Und wo ist das?", fragte Mira.
"Außerhalb der Stadt", sagte der Polizist.

Reich

Mira war an der Villa angekommen und tatsächlich, Clarissa, Maria und Krista waren da. Die Tante von Clarissa lud sie fröhlich ein reinzukommen. Dann sagte sie, Clarissa wäre oben. Mira ging nach oben und sagte Clarissa, dass sie zurückkommen solle. Das tat Clarissa auch. Nur Mira fragte sich, was mit Clarissa los war. Auf dem Weg sagte Clarissa: "Es tut mir leid, ich war so eifersüchtig auf dich wegen der Sache mit Jo."

Popstar

Am nächsten Tag kam Jo zu Mira und fragte, ob sie zu einer Party kommen möchte.
"Ja", sagte sie.

Am Abend ging sie zur Party und ihr wisst nicht, was sie sah. Ihren Lieblings Popstar! Candy! OMG! War das wirklich Candy? Nach der ganzen Musik sah Candy Mira und sagte: "Hi, du musst Mira sein." OMG! Sie wusste ihren Namen.

Gift, Gift

Candy sagte: "Komm lass uns was trinken." Mira sagte: "Ja." Mira und Candy gingen zum Tisch und hatten sich einen Becher geholt und tranken. Sie haben geredet und dann hatte Candy gesagt, dass Mira die Schwester von Candy ist. Mira war total erschrocken und sagte: "Was ich bin deine

Schwester!" Candy sagte: "Ja!" Auf einmal waren beide müde und hatten die Augen zu. Die beiden sind nach einer halben Stunde wieder aufgewacht und sagten zueinander: "Ich habe geschlafen oder?"

Plötzlich ist Mira verrückt geworden und Candy auch, war es der Saft, egal, die beiden sind verrückt.

Verrückt oder Normal

Mira ist mit ihrer Schwerster Candy verrückt geworden und Mira ist richtig schlecht in der Schule geworden und Candy hat richtig verrückte Lieder gesungen.

Eines Tages haben sich die beiden gesehen und sagten: "Ich bin schlecht in der Schule und ich in den Liedern! Es war der Saft!" Was machen wir? Erst Schule und singen, in der Schule ist Mira von den Tussis ausgelacht worden und Mira hat ihr Gedächtnis wieder bekommen. Und hat den Tussis gesagt: "Lacht mich nicht aus, sonst lache ich euch aus!" Die Tussis waren still.

Tussis weg

Eines Tages hatte Mira Schule und die Tussis waren nicht in der Schule und nicht in der Villa und nicht mehr in der Umgebung. Die Tussis waren weg. Mira und Candy haben die Tussis angerufen und Clarissa ist rangegangen und fragte: "Hallo wer da?"
Mira sagte: "Ich bin's Mira, wo bist du?"
Clarissa sagte: "In London, warum fragst du?
"Ich habe dich ausgelacht und das wollte ich nicht."

Mira sagte: "Deswegen nach London, komm wir klären das." Clarissa sagte: "Ok".

Alles wieder gut!!

Clarissa ist zurück und Clarissa ist mit Mira jetzt befreundet und Candy und Clarissa auch. Toll, dass sich alle wieder vertragen haben und Freunde sind.

Toll, du hast das Buch gelesen und hoffentlich gelernt, dass wahre Freundschaft zu genießen ist, ...

... auch wenn verrückte Sachen passieren.

Danke!!!!

von Abigail Gips

Es war einmal ein Junge und sein Name war Tim. Tim verbrachte viel Zeit in den Wäldern in seiner Nähe, um dort die Tiere zu beobachten. Am liebsten schaute er den Rehen zu, die jetzt im Frühling ihre Kitze zur Welt bringen.

An einem warmen Frühlingstag ging er, wie so oft, in seinen Lieblingswald in der Nähe von seinem Zuhause. Tim wollte die Rehkitze beobachten, die jetzt zu dieser Zeit, in den hohen Gräsern und Feldern von ihrer Mutter abgelegt wurden, um geschützt auf sie zu warten. Er kletterte auf seinen Lieblingsbaum, von wo er aus das ganze Feld, welches direkt an den Wald angrenzte, mit seinem Fernglas überblicken konnte. So konnte er die Kitze beobachten, ohne sie dabei zu stören.

Tim schaute neugierig umher. Es dauerte nicht lange und schon entdeckte er ein Rehkitz im hohen Gras auf dem Feld liegen. Seine Mama war nicht zu sehen. Plötzlich sah Tim von weiten den Bauern mit seinem Traktor kommen, der das Feld mähen wollte.

"Oh nein, oh nein, was mache ich jetzt bloß? Er wird das Kitz nicht sehen und dann wird es sich erschrecken und bestimmt weglaufen! Dann findet es seine Mutter nie wieder!" Tim war ganz aufgelöst ....

Er sprang von seinem Baum und rannte los, so schnell er konnte. Tim rannte und rannte und der Bauer kam dem Kitz immer näher.

"Ich schaff es, ich schaffe es!", ermutigte sich Tim immer wieder und etwa 50 Meter vor dem Kitz blieb Tim stehen und rief so laut er konnte:

„STOOOOPP!!"

Der Bauer machte eine Vollbremsung und fragte ihn: "He kleiner Junge, was machst du da?"

"Da liegt ein Rehkitz im Gras", rief Tim mit verschnaufter Stimme. Der Bauer stellte seinen Traktor aus, kletterte von ihm herunter und kam zu Tim...

"Das hast du sehr gut gemacht, kleiner Mann! Du hast gerade einem kleinen Kitz das Leben gerettet und darauf kannst du sehr stolz sein."

Tim war überglücklich und der Bauer versprach ihm in Zukunft, mehr aufzupassen und dass er das Feld erst zu Ende mäht, wenn die Kitze mit ihren Müttern das Feld verlassen haben.

Im Gefängnis

von Nazin Hamo

An einem Samstag fragte ich meine Mutter, ob ich eine Überraschungsparty schmeißen kann und sie war einverstanden. Also rief ich Lisa und Jessika an, ob sie zu meiner Übernachtungsparty kommen können und sie waren auch einverstanden. 5 Stunden später waren sie mit ihren Decken und Kissen angekommen.

Wir machten es uns gemütlich und suchten uns einen Film aus. Ich sagte: "Wartet, ich hole Chips."

Ich ging in die Küche, aber der Schrank war leer. Ich fragte Lisa und Jessika: "Wer holt mir Chips?" Lisa sagte: "Wenn ich mitkomme, werde ich schnell krank."

Also ging ich mit Jessika. Wir zogen uns die Jacken und Schuhe an. Wir rannten, weil der Laden in fünf Minuten schließt, aber leider hatten wir Pech.

Als wir vor dem Laden waren und wir gleich unsere Masken (Mund-Nasen-Schutz) anziehen wollten, kam die Polizei und wir sagten freundlich: "Hallo!"

Aber zu meiner Überraschung legte er uns Handschellen an. Wir fragten was los sei, aber sie erzählten uns, dass wir in der Nacht bei einer Oma eingebrochen wären. Wir erzählten dass wir noch nie bei jemandem eingebrochen sind, aber er hörte uns nicht zu und steckte uns in ein Polizeiauto rein. Egal wie sehr wir schrien und weinten, er ließ uns nicht frei.

Eine Stunde später waren wir im Gefängnis angekommen. ER schubste uns in unsere Zelle. Ein Polizist sagte uns: "Hier ist euer Zuhause für die nächsten fünf Jahre."

Zum Glück waren ich und Jessika in derselben Zelle, weil wir am nächsten Tag fliehen wollten.

Am nächsten Tag bekamen wir beide einen Teller mit Löffel, Gabel und Messer. In der Nacht gruben wir einen Tunnel. Nach fünf Stunden waren wir draußen. Aber als wir draußen waren, gingen die Sirenen an. Ich schrie laut auf. Wir versteckten uns in einer Höhle. Leider waren dort Fledermäuse. Wir schrien, obwohl wir wussten, dass sie uns nichts antun.

Wir drehten und drehten uns um, um nach Hause zu gehen. Auf einmal sahen wir zwei Personen, die sahen komplett aus wie wir. Jessika sagte: "Ist das ein Spiegel?"

"Nein.", antwortete ich.

Wir schleppten sie ins Gefängnis und sagten, dass sie bei der Oma eingebrochen sind. Wir waren sehr überrascht, wie gleich wir aussahen. Aber dann schleppten sie die beiden in den Knast. Selbst heute lachen wir darüber noch.

KILLERCLOWN

von Hussein Nasser

Es war mal Halloween. Ich war mit meinem Bruder und mit noch mehr Leuten draußen an Halloween Wir sind die ganzen Häuser durchgegangen und haben immer mehr Süßigkeiten geholt. Am Ende wollten wir weitergehen, da ist ein Freund von meinem Bruder gekommen und hat gesagt, dass er einen Killerclown gesehen hat. Wir sind richtig weit gelaufen, bis wir vor uns einen Killerclown gesehen haben. Wir sind nach hinten gelaufen und haben ihn wieder gesehen, dann sind wir nach links gelaufen, haben ihn nicht mehr gesehen, dann sind wir wieder nach links gelaufen haben ihn dann gesehen, dann sind wir nach rechts gelaufen, haben eine kurze Pause gemacht, dann sind wir wieder nach vorne gerannt und haben ihn nicht mehr gesehen. Wir sind normal weitergegangen und haben weiter Süßigkeiten gesammelt, dann haben wir wieder einen Killerclown gesehen, dann sind wir wieder gerannt, immer weiter gerannt und dann haben wir den Killerclown nicht mehr gesehen, dann sind wir nicht mehr gerannt, dann haben wir ihn wieder gesehen. Wir sind richtig weit gerannt, wir konnten nicht mehr, aber wir sind immer weiter nach Hause gerannt und sind bei meinem Haus angekommen

ENDE

Der Angriff bei den Elfen

von Jennifer Pramme

Es war einmal ein friedlicher Tag in der Elfenwelt. Es gab eine böse und eine liebe Seite, jede Seite hat eine Anführer/in. Beide Seiten wollten in Ruhe gelassen werden. Die liebe Seite war voll mit Blumen und es gab eine Schule, da wurde viel gelernt und auf der bösen Seite, da wurde man gezwungen zu fliegen. Andere wurden auf die andere Seite geflogen, weil sie zu lieb oder zu böse waren. Auf der lieben Seite gab es Pferde und eine Familie, die war arm. In der Familie gab es ein Kind namens Lena. Lena ging gerne raus und fand am Baum einen Zettel. Das war ein Zettel für die Abstimmung zur Anführerin. Ich brachte den Zettel meiner Mama und sie sagte: "Wie? Eine Abstimmung zur Anführerin?" "Ja", sagte ich. Die Mutter meinte: "Wir werden das nie hinkriegen, schon vergessen, wir sind arm." Doch sie unterschrieben den Zettel und ich ging wieder raus und hing den Zettel wieder an den Baum.

Nach einer Weile wurde abgestimmt. Meine Mama hat gewonnen. Sie sah erschrocken aus, als sie es sah, aber freute sich sehr.

Nach einigen Wochen waren wir nicht mehr arm. Seit Tagen hatten wir von den bösen nichts mehr gehört, aber dann sahen wir alle bösen auf unsere Seite zukommen und wir waren nicht stark genug, also mussten wir in eine andere Stadt fliehen. Also machte sich die ganze Seite auf den Weg in eine andere Stadt und wir reisten zehn Tage und haben eine neue Stadt gefunden und sie lebten glücklich bis an ihr Lebensende!!

Ende

Die Flucht vor dem Wahrsager

von Miljan Djekic

Mike ist mit seinen Brüdern Max und Ben an diesem Abend im Zirkus. Die Vorstellung ist richtig toll und es macht riesen Spaß den Clowns zuzusehen. Aber die Jungs haben heute noch etwas vor. Neben dem Zirkuszelt haben sie etwas gesehen. Da war ein kleines Zelt und daneben ein Schild auf dem stand "Wahrsager". Mike hatte die Jungs überredet dahin zu gehen, weil er seine Zukunft sehen wollte und er hoffte, dass der Wahrsager ihm etwas über seine Zukunft verraten würde.

Endlich war es soweit. Voller Spannung und Freude sind die 3 Brüder in das kleine Zelt reinspaziert. Da drin war es sehr dunkel. Auf einmal leuchtete in der Dunkelheit etwas Silbernes und eine Stimme sagte: "Willkommen in meinem Reich der Zukunft".

Das war der Wahrsager. Er fragte die Jungs: "Wie kann ich euch helfen". Ben sagte: "Mike möchte wissen, was ihn in der Zukunft erwartet". Der Wahrsager sagte, dass die Jungs platznehmen sollten und er holte eine silberne Kugel raus. Er murmelte noch etwas leise vor sich hin. Die Jungs fanden es langsam ein bisschen unheimlich. Sie warteten aber gespannt darauf, was der Wahrsager ihnen sagen würden.

Plötzlich merkten sie, dass etwas seltsames mit ihnen passierte. Der Wahrsager wurde immer größer und größer und sie immer kleiner und kleiner. Sie wollten schreien und weglaufen aber ihre Stimmen waren sehr leise und sie merkten, dass sie in einer Falle steckten. Der Wahrsager hatte sie verzaubert. Sie konnten nicht mehr entkommen. Sie waren klein wie Legofiguren und der Wahrsager steckte sie in einen kleinen Käfig.

Sie schauten sich um und haben festgestellt, dass in dem Zelt ganz viele andere Käfige stehen und darin auch kleine Kinder gefangen sind. Ben und Max sind total traurig und Mike wie immer tröstet sie und sagt: "Hey Jungs, Kopf hoch. Ich hole uns hier raus und wir helfen auch den anderen Kindern".

Die Kinder erzählen, dass der Wahrsager in Wirklichkeit ein böser Zauberer ist und er lässt sie im Zirkus auftreten. Sie haben schon versucht zu flüchten aber es hat nicht geklappt, denn das kleine Zelt verwandelt sich in ein Labyrinth, sobald sie den Käfig verlassen. Mike überlegt sich einen Plan. Er möchte alle Kinder befreien und hier rauskommen. Sie warten bis der Zauberer sich schlafen legt. Dann lässt Mike alle Kinder aus den Käfigen raus und sie laufen in das Labyrinth.

"Jetzt geht's los", sagt Mike.

Vor ihnen gibt es mehrere Wege. Mike nimmt den rechten Weg und die Kinder folgen ihm. Sie sind mitten drin.

Plötzlich hören sie das Rufen des Zauberers. Er hat ihre Flucht bemerkt und ist ihnen hinterher. Sie laufen immer weiter und weiter und wissen nicht wo sie sind. Noch einmal um die Ecke. Vielleicht ist da der Ausgang?

Oh nein!!!

Da ist eine riesige Schlucht und der Zauberer ist schon ganz nah. Es wird lauter und lauter und die Kinder drehen sich um. Sie können nicht weiter laufen der Weg ist zu Ende. Mike sieht, dass es nur einen Weg gibt, zu entkommen. Sie müssen über die Schlucht springen. Er soll als erster springen. Er spannt die Muskeln an und springt und fällt. Dann macht er die Augen auf und merkt, dass er auf dem Boden neben seinem Bett liegt. Seine Brüder schlafen noch gemütlich in ihren Betten. Mike merkt, dass das nur ein Traum war und ist erleichtert und glücklich.

von Fauzi

Ich sah einen Riesen. Ich schrie: „Hilfe, Hilfe!“ Und wo ich Hilfe schrie, sah ich ein rotes Auto, was am Parkplatz war. Im Auto war ein Vater mit seinen Kindern. Ich spreche mit dem Vater und erzähle ihm von dem Riesen. Der Riese tanzt mitten auf der Straße. Die Kinder wollen mittanzen. Sie fragen ihren Vater, ob sie mittanzen dürfen. Er sagt ja. Die Kinder freuen sich und fragen den Vater und mich, ob wir auch mittanzen wollen. Dann sagen wir beide ja.

Dann tanzen wir alle zusammen.

Dancing End

ICH ULTRON UND DIE AVENGERS

BY Noah Keunecke

1 WILLKOMMEN IN DER AVENGER WELT

Eines Tages ging ich im Wald spazieren. Plötzlich kam ich an eine Höhle. Weil ich neugierig bin, ging ich in die Höhle hinein. Plötzlich sah ich einen Koffer. Als ich ihn öffnete, sprang ein kleines Ding heraus. Es war ein Portal Projektor. Als ich durch das Portal ging, war ich plötzlich in der Avenger Welt. Ich dachte: „Wo bin ich denn jetzt?“ Ich ging in eine Gasse plötzlich stand vor mir ein riesiges Robotertentakelmonster. Es wollte mich gerade angreifen, da sah ich plötzlich etwas an mir vorbeiflitzen. Es war Hulk. Er wollte mich vor dem riesigem Robotertentakelmonster retten. Da kamen die anderen Avengers um Hulk zu helfen. Zusammen besiegten sie das riesige Robotertentakelmonster. Plötzlich hörten wir ein fieses Lachen. Es war Ultron. Er sagte: „Mein riesiges Robotertentakelmonster habt ihr ja schnell genug besiegt aber wie schnell werdet ihr mit meiner Marionettenarmee fertig?“ Die Avengers kämpften so gut sie konnten aber die Marionettenarmee war zu stark.

2 DIE AVENGERS AUF DER FLUCHT

Nachdem die Avengers gegen Ultron verloren hatten, waren sie auf der Flucht. Sie rannten zum Quinjet. Wir flogen zum Helicarrier, der sehr weit weg ist. Als wir ankamen fragten wir nach Helfern. Und als wir welche bekamen, bauten wir Avenger Roboter und eine Avenger Roboter Maschine.

Dann haben die Avengers noch ein bisschen trainiert. Plötzlich kamen die Marionetten angeflogen. Schnell stiegen wir wieder in den Quinjet und flogen weg. Die Marionetten waren immer noch hinter uns wir aktivierten den Autopilot. Die Marionetten holten immer weiter auf. Sie schossen auf uns und der Autopilot versuchte im Zick-Zack-Kurs auszuweichen. Wir versteckten uns in den Wolken, aber die Marionetten folgten uns hinein. Wir flogen und schossen um uns, da wir niemanden in den Wolken erkennen konnten. Dann flogen wir aus den Wolken raus und flohen um die halbe Welt. Plötzlich hatten wir keinen Treibstoff mehr und stürzten ab direkt ins Wasser. Die Marionetten hatten auch keine Energie mehr und stürzten auch ins Wasser. Zum Glück hat der Quinjet immer ein Rettungsboot dabei. Mit dem Rettungsboot fuhren wir um die andere Hälfte der Welt.

3 DER FINALE KAMPF

Wir flohen, bis wir wieder beim Helicarrier waren. Dann riefen wir die Avenger Roboter und sie sollten auch die Maschine mitbringen. Dann fuhren wir zurück in die Stadt und wollten es nochmal versuchen.

Wir riefen: „Angriff,“ und die Avengers und die Avenger Roboter rannten auf die Marionetten zu. Es war ein gefährlicher Kampf doch die Avengers gewannen den Kampf.

Nach dem Kampf gingen die Avengers mit mir zurück in die Gasse und öffneten ein neues Portal. Ich verabschiedete mich noch von den Avengers und ging durch das Portal nach Hause.

von Nathaniel Ayisi

Ein schlechter Film

Wir hatten einen schlechten Film gesehen. Ich und Jack und Mike fragten uns, warum der Film so schrecklich ist. Am nächsten Tag kamen wir raus und gingen spazieren. Plötzlich sahen wir einen Mann, der hallo sagte. Wir wunderten uns sehr. Der Mann war die ganze Zeit da. Am Ende gingen wir dann in ein Haus. Aber da war eine Falle und wir sind in die Falle gefallen. Da war ein sehr, sehr krasser Keller. Als wir den Keller betraten, da waren wir verrückt. Am Ende hatten wir einander sehr, sehr, sehr angewidert. Avand hatte Essen gefunden aber es war nur Spinat. Wir alle mögen keinen Spinat. Ich fand das ist so ekelhaft, aber danach gingen wir raus, aber wir konnten nicht. Die Tür war geschlossen. Jack und Jay waren sehr, sehr ängstlich aber Mike sagte: „Okay ich werde die Tür aufbrechen."

3, 2, 1, BUMM!

Die Tür war kaputt. Als wir rausgingen, war der alte Mann war wieder da. Weil ich und Jay sehr, sehr viel Angst hatten, sind wir am Ende alle ausgeflippt und packten ihn und dann rannte er schnell weg. Aber dann bekam er seine Waffe. Wir rannten schnell weg, weil wir nicht mehr machen konnten, aber danach hat er nicht seine Waffe, sondern seine Betäubungspistole bekommen. Als er uns alle drei erschoss, lagen wir alle am Boden, er hat uns geschleift und sehr weit weggeschleppt. 10 Stunden später, als sie warteten, waren wir sehr weit weg. Unsere Eltern hatten uns angerufen nur das Problem war, wir hatten vier Tage später kein Handy mehr.

Jack und Mike waren total ausgeflippt aber hinterher schnappten wir uns alle die Männer. Die Männern, die auf dem Boden lachten und dann rannten und rannten sie schnell sehr weit weg. Unsere Eltern riefen an. Unsere Mütter und unsere Väter machten sich Sorgen aber danach hatten wir es geschafft in New York zu sein. Es war spät. Unsere Eltern wollten mit dem Flugzeug zurück fliegen aber dann liefen wir schnell hinter dem Flugzeug her. Gott sei Dank hat uns das Taxi sogar geholfen. Hinterher sah ich, wie schnell es fuhr. Das Flugzeug war zu spät, aber dann sollten wir ein anderes Flugzeug haben, das kein Flugzeug, sondern ein Jackpot war. Wir hatten Glück, weil ein Pilot im Jackpot war. Wir hatten Glück, wir sind mit dem Jackpot nach Florida geflogen und wir hatten Glück, weil unsere Eltern uns fanden. Unsere Eltern waren etwas enttäuscht aber sehr froh, dass wir es von New York nach Florida alleine geschafft haben. Jack, Jay und Mike waren sauer, weil die Männer zusammenhalten sollten. Mike war nach Hause gegangen und das ist das

der Geschichte

Die Flucht

Ich war in einem Wald und habe viele schöne Tiere gesehen! Und dann hatte ich einen komischen Geruch in der Nase. Ich dachte mir nichts dabei und dann ist mir aufgefallen, dass alle Tiere flüchten.
Und dann habe ich nachgesehen und Feuer gesehen. Ich habe schnell Hilfe geholt.

Die Feuerwehr war blitzschnell da und hat das Feuer gelöscht.

Die Flucht vor zwei Dieben

von Mia Luna Berz

Am Sonntagmorgen wollte mein Bruder mit mir spielen. Dann bin ich aufgestanden und habe mich angezogen. Dann ist Mama aufgestanden und ich habe gesagt:“ Ich gehe Brötchen holen.“ Ich bin losgegangen und da waren zwei Diebe. Ich konnte noch rechtzeitig flüchten, ohne dass sie mich gesehen haben. Ich bin aber nicht nach Hause gerannt sondern zur Polizei und hab gesagt, dass sie jetzt die Bäckerin überfallen wollen. Die Polizei ist losgefahren und ich bin nach Hause gerannt. Ich habe Mama und meinem Bruder gesagt: „Wir müssen Toast essen.“ Die beiden haben mich gefragt, warum. Ich habe ihnen alles, was passiert ist, gesagt. Da bin ich aufgewacht und das war zum Glück nur ein Traum.

Die Wolfsmutter mit ihren Babys

von Mia Luna Berz

Es war Nachmittag. Ich habe meine Mama gefragt, ob ich im Wald spazieren gehen darf. Mama antwortete: „Ja darfst du."

Dann bin ich in den Wald spazieren gegangen. Plötzlich kam ein Gejaule, ich bin dann dem Gejaule gefolgt. Dort war ein Loch, ich bin näher rangegangen und da war eine Wölfin mit ihren Babys. Ich habe ein Seil und ein Netz mitgenommen. Das Seil habe ich an das Netz gebunden und habe es runter geschmissen ins Loch. Die Wolfmutter ist mit ihren Jungen in das Netz gegangen. Ich habe sie dann hochgezogen. Die Wolfmutter und ihre Babys haben sich bedankt, indem sie sich an mein Knie gekuschelt haben. Die Wolfsmutter legte mir einen Apfel vor die Füße. Da bin ich wach geworden und alles war nur ein Traum. Ich bin aufgestanden und habe meiner Mama meinen ganzen Traum erzählt.

Ende

Leonis Leben auf dem Kopf

von Milana Greb

Leonie ein eigentlich ganz normales Mädchen. Es war ein ganz normaler Schultag aber als sie nach Hause kam:

Wer hat schon wieder mein Zimmer aufgeräumt?

Leonie hatte wie immer einen Verdacht. Leonie fragte ihre Mutter: "Mama hast du mein Zimmer aufgeräumt?" Ihre Mutter antwortete Ihr: "Ja!!! Wieso bist du immer so wütend, wenn ich dein Zimmer aufräume?" Leonie sagte wütend: "Ich liebe die Unordnung. Wenn alles ordentlich ist, kann ich nichts finden." Leonies Mutter sprach: "Okay ich räume dein Zimmer nicht mehr auf. Aber geh jetzt deine Hausaufgaben machen." Leonie flüsterte leise: "Ich hasse Hausaufgaben! Ich werde die Hausaufgaben nicht machen!" Leonie ging in Ihr Zimmer und machte die Tür mit voller Wucht zu: Bumm! Leonie nahm Ihre Sachen aus dem Regal und schmiss sie auf den Boden. Für sie war der Tag vorbei, mehr wollte sie heute nicht machen.

Am nächsten Tag ging Leonie in die Schule. Gleich am Anfang hatte sie eine Doppelstunde Mathe. Bei der

Hausaufgaben Kontrolle versuchte Leonie sich hinter ihrem Buch zu verstecken doch in der ersten Reih ist es schwer. Der Lehrer fragte Leonie : „Leonie was ist 60x60?“ Leonie antwortet unsicher : „3000.“ Der Lehrer sprach: „Das ist leider Falsch! Richtig wäre 3600 gewesen. Leonie hast du deinen Hausaufgaben wieder mal nicht gemacht?“ Leonie murmelte: „Ja.“ Der Lehrer sagte: „Ich erwarte von dir, dass du deine Hausaufgaben machst. Hast du mich verstanden?“ Leonie sprach -JA!!! Für den Rest des Unterrichts verstand sie kein einziges Word mehr. In Deutsch und Sachunterricht bekam sie Ärger für die vergessenen Hausaufgaben. Den ganzen Tag verstand sie nur Bahnhof!!! So ging es die ganze Woche lang. Bis Leonie am Freitag Geburtstag hatte. An der Schule, in die Leonie geht, hat die Person die Geburtstag hat, dann schulfrei. Das freute sie natürlich! Leonie ist 12 Jahre alt geworden. Sie hat zum Geburtstag ein Inline-Skater, neue Stifte und ein neues Handy gekriegt. Leonie hat sich sehr über die Geschenke gefreut. Am aller meisten freute Leonie sich über das Handy. Sie probierte es sofort aus. Es war perfekt. Leonies Eltern sagten: „Leonie kannst du dich bitte anziehen, wir müssen los! Leonie frag nichts, sondern mach.“ Sie musste mit ihrer Familie circa 30 Minuten fahren. Als sie ankamen, sah Leonie ein Schild auf dem Stand: Willkommen im Tierheim. Leonie war total aufgeregt, was sie wohl im Tierheim erwartet? Vielleicht darf sie sich endlich einen süßen Freund zum Geburtstag aussuchen? Als sie das Tierheim betraten, waren dort lauter süße Tieren. Leonies Eltern sprachen. „Suche dir ein Tier aus, das du haben willst und du kriegst es.“ Sie war einfach glücklich!

Leonie hat über zwei Stunden gebraucht um sich zu entscheiden. Sie hat sich eine Katzenbaby ausgesucht namens Mira. Mira war eine braun, grau, schwarz gefleckte Katze mit weißer Krawatte. Zurück zu Hause hat Mira zuerst alles beschnuppert und dann sich auf Leonies Bett bequem gemacht und ist eingeschlafen. Als sie wieder wach geworden ist, und angefangen hat zu spielen, herrschte schnell ein Caos im Haus. Alle Vasen lagen auf dem Boden kaputt. Mira pinkelte auf den Teppich. Wegen ihr stinkt das ganze Haus und alle Fenster müssen geöffnet werden.

Als Leonie am Abend ins Bett ging, ließ sie die Tür offen stehen. Leonies Hausschuhe standen vor ihrem Bett. Nachts hörte sie ein komisches Geräusch. Man könnte hören wie Mira rumgelaufen ist und Mamas Tasche gekratzt hat. Leonie wachte auf und sah das ihre Hausschuhe und Mamas Tasche nicht mehr auf ihrem Platz waren, sondern vor dem Schreibtisch lagen. Überall auf den Hausschuhen und Mamas Tasche hat man rausragende Fäden gesehen. Mira war aber nicht da! Leonie war wütend auf Mira. Also suchte sie die Katze. Sie hat das ganze Haus nach der Katze abgesucht, aber sie nicht gefunden. Leonie hat aufgegeben sie zu suchen und ins Bett gegangen. Am Morgen hat sie alles ihrer Mutter erzählt doch die weiß auch nicht, wo Mira ist. Doch eins wissen beide: Mira ist irgendwo im Haus. Am Abend als die ganze Familie Fernsehen guckte, tauchte auch Mira endlich wieder auf. Leonie war erleichtert, denn sie hatte sich schon Sorgen um Mira gemacht. Mira kuschelte sich zu Leonie. Seit dem Abend sind Leonie und Mira unzertrennlich!!!

Ende!!!

Danke das du diese Geschichte gelesen hast. Ich hoffe dass du was daraus gelernt hast (Das würde mich sehr freuen)!!!

Viele Grüße von Milana

DER GEHEIMNISVOLLE BUNKER

von Lion Kubsch

Mein Freund Devin und ich machten einen Ausflug und entdeckten dabei ein verlassenes Führerhaus. Dieses Haus war überall verschlossen. Wir sahen einen riesigen Schornstein auf dem Boden liegen.

Wir konnten es nicht glauben, denn wir hatten einen Zugfriedhof gefunden.

Auf einmal sah ich eine Metallklappe und rief: „Devin, komm mal! Ich glaube, ich habe etwas entdeckt."

Als er kam, habe ich die Klappe hochgehoben.

Dort war ein Bunker.

Devin und ich gingen hinein. Wir sahen Waffenhalter, sogar sehr viele. Es war spannend, aber auch gruselig.

Wir gingen weiter hinein.

Später sahen wir Momo und sind so schnell wie möglich weggerannt und haben die Klappe zugemacht.

Das war ein Erlebnis!

Hallo Leute!

von Leonardo Simonovic & Leon Mohammed

Kapitel 1

Hallo Leute, ich bin Leonardo und das ist Leon. Wir erzählen euch was uns in den letzten Wochen passierte. Fangen wir von vorne an.

Als wir in die Schule gingen, hörten wir aus der Toilette ein Geräusch. Wir dachten uns nichts dabei, aber wir sind trotzdem hingegangen.

Auf einmal sahen wir eine kleine Öffnung, ...

Kapitel 2

... die immer größer wurde. Auf einmal verfärbte sich die Öffnung lila-blau und ein Kopf kuckte heraus!!! Es war ein Junge mit orangenen Haaren. „Leonardo, das ist doch Hinata aus dem Anime Haikyuu." Hinata: „Ja das stimmt!" Auf einmal kamen seine Freunde: Dich, Tanaka, Kageyama, Tsukichima, Yammagucci, Asahi,

Nishinoya, Kenma, Kuroo, Ottawa, Bokuto und sagten alle: „Hi!" Ich war richtig aufgeregt, weil ich den Anime liebee!!! Wir zeigten ihnen erst mal ganz Seelze, dann mussten wir sie in ein Hotel bringen und ihnen richtige Kleidung geben.

Kapitel 3

Am nächsten Tag ist das Porta lwieder erschienen. Diesmal kamen Charaktere aus Naruto. Es kamen Naruto, Sasuke,

Sakura, Kakashi und Boruto. Wir führten sie auch durch ganz Seelze und haben sie in ein Hotel gebracht und ihnen Kleidung gegeben.

Kapitel 4

Auf einmal bekam ich einen anonymen Anruf. Ich ging dran und fragte, wer mich angerufen hat. Leon hat sich auch gewundert, wer das sein könnte. Nach 5 Minuten hat Leon gesagt: „Ist das nicht Link?" und da hat er aus dem Telefon gesagt... „JAAAAAAAAA RICHTICH!" Ich hab mich erschrocken und hab aufgelegt.

Kapitel 5

Ich und Leon mussten Hausaufgaben machen bei ihm als seine Eltern kamen. Da konnten wir es nicht glauben. Leon musste umziehen. Wir waren traurig bis die Eltern sagten, dass sie neben mir einziehen würden. Dann waren wir glücklich. Am nächsten

Kapitel 6

Tag haben wir uns mit den Anime Charakteren getroffen. Sie erzählten, dass ein Tsunami auf uns zu kommen wird!!!!! Ab da hat der Spaß aufgehört. Wir erzählten es meinen und Leons Vater, weil sie solche Wetterprüfer waren. Sie sind sofort ins Labor und haben es gecheckt. Es kommt wirklich ein Tsunami auf uns zu. Nach 5 Tagen haben sie herausgefunden, wo ein sicherer Platz ist. Sie erzählten es dem Präsidenten und er hat es veröffentlicht. Der sichere Ort war Afrika.

Kapitel 7

Ich und Leon freuten uns, weil wir Afrika liebten. Nach einer Weile, es war der 9. Juni, war der Tsunami schon in Indien aber alle Menschen waren in Afrika. Fast alle nur manche wollen nicht. Es wurde noch Frankreich evakuiert. Nach 3 Stunden war auch Frankreich evakuiert. Der Tsunami hat alles überflutet. Wir waren alle in Sicherheit. Und wir haben es überlebt.

Ende

Liebe Kinder,
liebes Team der Regenbogenschule Seelze,

wir haben uns sehr gefreut, dass so viele unterschiedliche Geschichten und so wunderbare Bilder zusammengekommen sind.
Wir hoffen, die Arbeit an eurem ersten eigenen Buch hat euch ebenfalls so großen Spaß gemacht wie uns.

IHR SEID KLASSE!

Euer Fuchsteam vom Verlag Akademie der Abenteuer

Boris Pfeiffer & Kris Kersting

Verlag
Akademie der Abenteuer

neugierig • grenzenlos • unterhaltsam

Unser Verlagsname basiert auf den gleichnamigen Büchern des Autors Boris Pfeiffer. In dessen zeit- und welterforschender Reihe "Akademie der Abenteuer" sind es Reisen der Protagonisten in die Vergangenheit, die für viele LeserInnen ein Erlebnis geworden sind, Kinder und Erwachsene gleichermaßen.

Im *Verlag Akademie der Abenteuer* wird die Erforschung der Welt mit den Mitteln der Literatur fortgesetzt. AutorInnen und ZeichnerInnen, DichterInnen und MalerInnen arbeiten in der Akademie der Abenteuer zusammen.

Reisen in den Geist, erkenntnisreich, selbstbewusst, gut erzählt, sind der Kern des Verlagsprogramms.

Im *Verlag Akademie der Abenteuer* entstehen Bilderbücher, Kinderbücher, Kinderbuchreihen und Jugendliteratur. Wir veröffentlichen packend erzählte Gegenwartsliteratur. Weiteres Augenmerk legen wir auf Kunstbände, in denen Malerei und Dichtung neue Felder eröffnen. Zweisprachige Ausgaben und ungewöhnliche Blicke in die Welt, sowie Lehr- und Sachbücher runden unser Programm ab.

Mehr auf unserer Website:
www.verlagakademie.de

Akademie der Abenteuer - Boris Pfeiffer

Kris Kersting Illustrationen

"Akademie des leibhaftigen Studiums vergangener Zeiten" – Rufus' neue Schule hat es in sich, im wahrsten Sinne des Wortes: Sie steckt voller rätselhafter Fundstücke aus der Vergangenheit und jedes Teil birgt Geheimnisse. Um diese zu lüften, braucht es besondere Fähigkeiten …

Zusammen mit seinen Freunden Fili, No und der Bisamratte Minster stürzt sich Rufus in die neuen Fächer: "Antike Schwertkunde", "Speisen aus allen Jahrtausenden" und "Vergessene olympische Disziplinen". Aber das ist nur der Anfang. Schon bald durchströmen längst vergessene Szenen aus der Zeit der Pharaonen die Akademie ...

Leserstimmen:

"Es gibt Kinderbücher, welche nur für Kinder gedacht und geeignet sind. Dann gibt es noch solche, die mich als Erwachsene noch fesseln können. Dazu gehört "Die Akademie der Abenteuer" von Boris Pfeiffer. (Tines Bücherwelt)

"Boris Pfeiffer gelingt es mit detailreicher Sprache, von der ersten bis zur letzten Seite Hochspannung zu schaffen." (Lesewelt Ortenau)

"Ein starker Auftakt zu einer genialen Jugendbuchreihe, die es so noch nicht gegeben hat. Eine Reise in die Vergangenheit, die für Jung und Alt ein Erlebnis ist, das man so schnell nicht vergisst!" (liesundlausch.de)

"Was für eine Serie! Es lebe "Die Akademie der Abenteuer"! Eine so wunderbare Verbindung von historisch packendem Stoff mit liebenswerten Charakteren und spannender Handlung sucht ihresgleichen. Hier gilt auf alle Fälle: Nicht entgehen lassen und sofort zugreifen!" (Leserwelt)

Band 1
Die Knochen der Götter
ISBN (Print): 978-3-98530-004-4
ISBN (Ebook): 978-3-98530-005-1

Band 2
Die Stunde des Raben
ISBN (Print): 978-3-98530-006-8
ISBN (Ebook): 978-3-98530-007-5

Band 3
Das Schiff aus Stein
ISBN (Print): 978-3-98530-008-2
ISBN (Ebook): 978-3-98530-009-9

Band 4
Das Erbe des Rings
ISBN (Print): 978-3-98530-010-5
ISBN (Ebook): 978-3-98530-011-2

Fünf Asse - Sportkrimi

Irene Margil & Andreas Schlüter

Krimi, Sport und Freundschaft mit den FÜNF ASSEN:

Lennart, Jabali, Michael,

Linh und Ilka

Spannende Abenteuer für alle ab 9 Jahren

ABGETAUCHT

ISBN(Print): 978-3-98530-036-5
ISBN(Ebook): 978-3-98530-037-2

AUSREISSER

ISBN(Print): 978-3-98530-038-9
ISBN(Ebook): 978-3-98530-039-6

DOPPELTREFFER

ISBN(Print): 978-3-98530-040-2
ISBN(Ebook): 978-3-98530-041-9

FEHLTRITT
ISBN(Print): 978-3-98530-042-6
ISBN(Ebook): 978-3-98530-043-3

FREIWURF
ISBN(Print): 978-3-98530-044-0
ISBN(Ebook): 978-3-98530-045-7

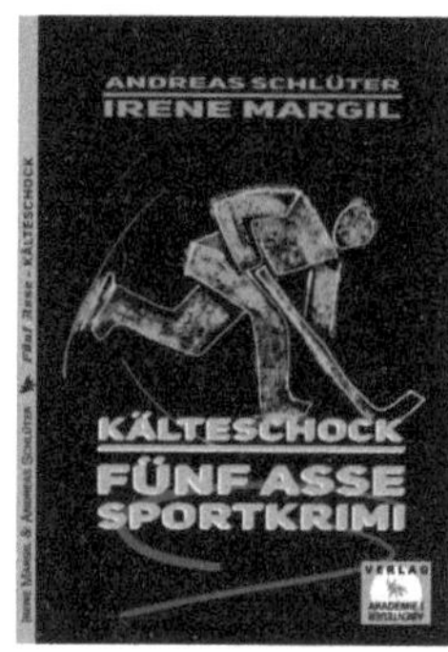

KÄLTESCHOCK
ISBN(Print): 978-3-98530-046-4
ISBN(Ebook): 978-3-98530-047-1

SPIELMACHER
ISBN(Print): 978-3-98530-054-9
ISBN(Ebook): 978-3-98530-055-6

STROMSCHNELLE
ISBN(Print): 978-3-98530-056-3
ISBN(Ebook): 978-3-98530-057-0

VOLLBREMSUNG
ISBN(Print): 978-3-98530-058-7
ISBN(Ebook): 978-3-98530-059-4

PISTENJAGD
ISBN(Print): 978-3-98530-048-8
ISBN(Ebook): 978-3-98530-049-5

SCHMETTERBALL
ISBN(Print): 978-3-98530-050-1
ISBN(Ebook): 978-3-98530-051-8

SCHULTERWURF
ISBN(Print): 978-3-98530-052-5
ISBN(Ebook): 978-3-98530-053-2

Die Fussball-Elfen - Irene Margil

Eine herzerfrischende Reihe rund um mutige Mädchen und Fußball.

Jana spielt so oft sie kann mit ihrem Bruder Anton Fußball, doch seit dieser in einem Verein spielt, fällt er für Jana als Spielpartner aus. Die Jungs wollen nicht mit Mädchen kicken.
Jana und ihre beste Freundin Nina beschließen, ihre eigene Mannschaft zu gründen.

Was diese Entscheidung bedeutet und welche spannenden und lustigen Abenteuer die Fußball-Elfen erleben, erfahrt ihr in diesen vier Bänden der Reihe:

Band 1: Wir kicken zusammen!
Band 2: Wir trauen uns!
Band 3: Wir halten durch!
Band 4: Wir stehen auf!

Band 1
Wir kicken zusammen!
ISBN (Print): 978-3-98530-028-0
ISBN (Ebook): 978-3-98530-029-7

Band 2
Wir trauen uns!
ISBN (Print): 978-3-98530-030-3
ISBN (Ebook): 978-3-98530-031-0

Band 3
Wir halten durch!
ISBN (Print): 978-3-98530-032-7
ISBN (Ebook): 978-3-98530-033-4

Band 4
Wir stehen auf!
ISBN (Print): 978-3-98530-034-1
ISBN (Ebook): 978-3-98530-035-8